50 ans

La plus belle vie des femmes

Éditions Eyrolles
Éditions d'Organisation
1, rue Thénard
75240 Paris cedex 05

www.editions-organisation.com
www.editions-eyrolles.com

Du même auteur

Écrire, un plaisir à la portée de tous, Eyrolles, 2004

Faly STACHAK

Avec la collaboration
de Denise VOGELEISEN

50 ans

La plus belle vie
des femmes

EYROLLES

À maman, qui voudrait bien avoir encore cinquante ans,
À Anne qui ne les a pas encore,
À ma copine polonaise pour qu'elle n'ait
plus peur quand « ça » lui arrivera,

F. S.

À Josette Colin,
À Jacques,

D. V.

Et un énorme merci à l'ami Jean-Marie qui, pour
les besoins de notre cause, a incarné Martine,
une ménagère de (plus) de cinquante ans !

« *Une femme s'avançait à ma rencontre ; elle était jeune et fraîche du côté droit, vieille et ridée du côté gauche. Du côté gauche, elle avait une abondante chevelure d'argent ; du côté droit une chevelure moins fournie mais d'un beau noir. Elle était vêtue d'une robe de velours vert prairie, froncée à la taille. On ne comptait pas moins de huit reprises au coton brun sur la face antérieure de cette robe. La femme tenait dans sa main droite un sucrier, de la gauche elle faisait mine de relever sa jupe. Sur le bord du chapeau se tenait un rouge-gorge qui portait dans son bec un bouquet de cerises...* »

Robert Desnos, extrait de « Je me suis
regardé dans la fontaine »,
in Cahier de l'Herne n° 54

Sommaire

Partie II
Marketing et jeunesse éternelle

Partie III
Censurées !

Partie IV
Une affaire qui remonte à loin

L'aveu

Elles sont belles, séduisantes, elles ont cinquante ans. Elles sont allées à un concert où sont reprises des chansons de Bob Dylan. L'une d'elles connaît par cœur les vieux refrains et les chante à tue-tête :

— Arrête de chanter les paroles, dit l'autre en la poussant du coude, fais la-la-la... Ou on va encore nous dater au carbone 14 !

Octobre 2004, Paris. Je pars aux Antilles pour défendre un projet. Si tout marche bien, j'irai travailler là-bas quelques mois. Je suis libre, sans enfant, pour cela je n'ai jamais eu la conscience du temps qui passe. Il fait un temps superbe, la vie est là devant moi, toute la vie ! Calée depuis la gare de l'Est sur la banquette arrière d'un taxi, je papote avec le chauffeur. De la circulation, fluide ce jour-là, de l'augmentation de la vie, de la mer, et bien sûr de l'amour :

— Vous voyez, me dit le chauffeur tout content de lui, moi, ce qu'il me faudrait, c'est une maîtresse ! Trente-quatre ans, trente-cinq, quarante… Allez, quarante-cinq maxi. Surtout pas cinquante ! Il est tout fier de sa sortie et moi, derrière, je blêmis.

– Comment ça, pas cinquante ?

– Vous rigolez ? C'est trop vieux à cet âge-là !

– Mais vous pensez que j'ai quel âge ?

Il se tourne vers moi, égrillard :

– Trente-cinq, quarante maxi !

– Non Monsieur, dis-je d'un air pincé, j'en ai cinquante ! Et on est plein comme moi à avoir cinquante ans sans avoir l'air d'un vieux débris !

Il est confus, ne sait plus où se mettre et tant mieux pour lui ; on est arrivé à Orly. Je paye, claque la porte, prends mes bagages.

Mais qu'est-ce qu'ils ont tous avec leurs cinquante ans ? Je suis fière d'avoir cinquante ans moi, d'être encore jeune, en bonne santé, « bien conservée pour mon âge » comme ils disent… Je n'ai jamais caché le temps qui passe et j'ai toujours été un peu agacée par les femmes qui minaudaient quand on leur demandait leur âge. Qu'est-ce que ça pouvait bien faire quelques chiffres inscrits sur l'état-civil quand on est bien en vie ? *« Le ciel est à tout le monde »*, criait Cocteau dans les rues ! Et que j'en ai trente, cinquante ou soixante-dix, l'important est « d'être présente » comme le conclut une amie de quatre-vingts ans.

« C'est comme ça. Faut pas dire que t'as cinquante ans, ça les bloque les mecs », m'ont conseillé les copines. Et même les copains, les traîtres… Et ça ne bloque pas seulement vos amoureux. Même vos étudiant(e)s ou quelques jeunes sympas avec lesquels vous avez commencé à lier amitié. Combien de fois j'ai dû me retenir quand l'un(e) d'entre eux me dit qu'il va me faire rencontrer ses parents : « Tu sais, ils ont quarante-sept ans mais ils sont super jeunes et sympas, ça te dérange pas… ? »

Ça jette comme un froid de dire qu'on a cinquante ans, c'est comme avouer quelque maladie honteuse, mais laquelle ? En tout cas suffisamment marquante pour qu'on se détourne discrètement de vous, comme si vous étiez désormais un chemin interdit…

Quand je pense ! Encore innocente du fait, j'ai donné une méga fête comme jamais pour mon demi-siècle. Vous vous souvenez, quand on était petite fille et qu'on calculait avec les copines l'âge qu'on aurait à l'an 2000 : « Quarante-six ! On en aura quarante-six ! » Ça nous paraissait canonique ce chiffre, on n'arrivait même pas à s'imaginer qu'on pourrait l'atteindre un jour. Et voilà, c'était là ! Et même dépassé ! Et c'était si joyeux d'être ainsi, bien vivante, à cinquante ans ! Et il fallait le taire ?

Oui, selon les circonstances, affectives ou professionnelles, il fallait le taire, tricher, plier devant les préjugés. Hélas, vient un moment où ne plus être soi-même devient pesant, un vrai cul-de-sac ! Régulièrement, il faut se démasquer, se jeter à l'eau… Tenez un deuxième exemple, je vous campe l'action : l'anniversaire de ces fameux cinquante approche. C'est la nuit, il est très nettement plus jeune, allongé à côté de moi, dans le silence. Tout irait bien s'il ne s'était pas mis en tête de vouloir venir à mes quarante ans, croit-il. Courage ! (Comme si le courage devait se situer là !)

– Écoute, dis-je d'une voix blême, je voudrais te dire quelque chose.

L'heure est grave, il le sent, se retourne, presque inquiet :

– Quoi ?

– J'ai pas quarante ans.

– T'as quel âge alors ? Quarante-deux ? (Confiant)

– Non.

– Quarante-trois ?

– Non.

– Quarante-cinq ? (Là, comme à chaque fois que « j'avoue » mon âge, la voix monte sensiblement dans les aigus).

– Plus ? (Presque un cri).

– **Cinquante** !

Silence. Quatre secondes au moins.

– Ben... Tu les fais pas (ton volontairement neutre), t'es drôlement bien conservée pour ton âge.

Combien d'entre nous n'ont-elles pas vécu ce moment ? Des réparties cinglantes, j'en ai une collection, d'hommes à peine moins âgés mais qui se rengorgent tout fiers de leurs quelques petites années d'écart, n'ont pas fait le grand saut, eux, et vous demandent si vous avez des bouffées de chaleur. D'autres plus jeunes, mécontents d'avoir été bernés et qui hochent la tête : « Tu es sur la pente descendante. » Ou ceux qui ne veulent rien savoir : « Ne me donne pas les verges pour te battre. » Enfin ceux qui ricanent, croyant qu'on leur fait une bonne blague... Combien d'entre nous à planquer leur passeport lors d'un voyage à deux, voire leur numéro de sécu ! Heureusement, l'aveu parfois ne change rien. Parfois, il change toute la donne si l'amoureux veut (re)faire une famille... Là, c'est trop tard, le service, même volontaire, est fini !

Et sur le plan professionnel, même topo. Un tout petit exemple, il en est de plus tragiques : cette amie dirige une bibliothèque assortie d'une salle d'exposition, la mairie cherche quelqu'un de confiance pour l'accueil. Un matin, elle reçoit un coup de téléphone des ressources humaines, un homme d'une quarantaine d'années :

– J'ai trouvé quelqu'un de bien, je crois, dit-il, une femme.

– Oui ?

– Mais… (hésitant) je crois qu'il y a un problème…

– Lequel ?

– Heu… Elle a cinquante ans.

– Et alors ? Quel âge croyez-vous que j'aie ?

Retour à Orly, je viens de claquer la porte du taxi, vous vous souvenez ?

L'avion est presque vide, je m'installe bien au large, je suis furieuse, je prends mon carnet. J'ai huit heures devant moi. Mais qu'est-ce qu'ils ont tous avec leurs cinquante ans ? Ça vient de quoi ? J'écris, rageuse, des idées, une ébauche de plan… Il faut dénoncer, comprendre… C'est ainsi que ce livre est né.

Pour vous qui allez avoir cinquante ans un jour (*fatalitas* !), qui les avez déjà, pile ou dépassés, qu'importe ! À vous qui êtes une femme, libre, aimante, amante, qui avez construit sur bien des plans et qui au fond de vous, et ce sera ainsi jusqu'au bout, vous sentez toujours une jeune fille. À vous qui n'en avez pas fini de séduire, passée cette frontière des cinquante. Pour que le désir de vivre, d'aimer, grand moteur de la vie, continue à circuler même si le sang a cessé de couler, tous les mois, petite horloge de notre féminité.

Seulement voilà, encore faudrait-il qu'on puisse enfin mettre fin aux préjugés, affirmer nos années et notre ménopause haut et fière, parce qu'à cinquante ans, paraît qu'on est une vieille et que les vieilles c'est presque laid par définition, que ça n'a pas droit à l'amour, et pas droit de cité dès qu'il s'agit de désir et de séduction. Une fois remplis nos devoirs maternels, il ne resterait plus qu'à aller nous coucher dans le lit jumeau d'à côté, à défaut, toute seule au milieu du grand lit ? Et quand on sait aujourd'hui que notre espérance de vie est de 83,8 ans[1], ça fait un peu froid dans le dos, non, presque trente-quatre longues années au rebut ?

Alors voilà, dans une France où le jeunisme fait rage, ce petit livre est né pour ça : dénoncer sans prétention, et non sans humour, les préjugés ancestraux qui subsistent au travers des médias, du cinéma, des romans, des politiques marketing, des antidotes en tous genres qui veulent nous donner l'illusion d'un temps arrêté. Dénoncer tout ce qu'il nous faut avaler au détriment de notre santé pour faire croire (mais qui croient-ils leurrer ?) qu'on a toujours trente ans ! Entre une pub des années vingt pour combattre la ménopause et une d'aujourd'hui, même discours, mêmes procédés qui nous enferment dans « l'éternel féminin », mêmes mythes qui continuent de circuler. Nous sommes intéressantes sur le grand marché de la reproduction possible, c'est la loi de la nature, et montrables jusqu'à la ménopause. Après, allez savoir par quel tour de magie nous sommes soudain totalement transparentes, pour ne pas dire gênantes !

Entendons-nous, il ne s'agit pas de dénier le temps qui passe, il s'agit simplement d'admettre une continuité, de refuser cette rupture de l'avant et de l'après qui n'a aucune réalité aujourd'hui, de faire comprendre que le monde a changé et que nous avons changé avec lui, surtout ces cinquante dernières années. Nous sommes aujourd'hui, en France, nous les femmes, réellement autonomes, les égales de l'homme pour toutes les compétences, hormis celles qui réclament un peu plus de muscles… Pourtant, c'est encore si souvent l'homme primitif qui parle et qui divise le monde en femme féconde et inféconde, entendez, en désirables et indésirables en dépit des réalités. Un discours qui date de la nuit des temps, comme nous le présente en dernière partie de ce livre ma complice ethnologue, Denise Vogeleisen.

---

1. Chiffre INSEE 2004.

© Eyrolles

Pour que vous puissiez comme nous vous extasier d'une telle continuité dans le changement !

Pour vous, toutes les femmes d'ici et d'ailleurs, ce cri du cœur, ce petit vœu d'humanité, ce juste parti pris, celui de l'amour, de l'intelligence, de la liberté.

Faly STACHAK

PARTIE I

Libertés et pouvoirs... limités

CHAPITRE 1.

État des lieux

– *Miroir, miroir, suis-je encore la plus belle ?*
– *Non, ma reine ! Blanche-Neige est aujourd'hui plus jeune que toi… mais tu restes encore belle, autrement, pour longtemps, t'affoles pas !*

L'éternelle féminité

D'accord, il faut vieillir. Accepter l'inacceptable. Mais pas tout de suite, pas trop vite. Qu'on nous laisse le temps. Et nous l'avons. Qu'on ne nous bascule pas brutalement dans la tombe, nous les cinquante, sous prétexte que la ménopause a frappé ! Définitivement, les cinquante d'aujourd'hui sont les quarante d'hier. L'ennui, c'est que c'est un âge caduc. Que les temps ont changé, et nous avec. Que nous ne sommes plus jeunes, mais pas encore vieilles.

Rien qu'entre nos mères et nous, même si elles sont souvent jeunes d'esprit (et plus de corps, non, hélas…), c'est déjà le grand écart. Alors, imaginez, entre une de cinquante ans aujourd'hui et une autre du siècle dernier ! Je n'évoque pas ici ces femmes, mécènes, écrivaines, peintres, sculptrices, aventurières, ni non plus les héroïnes de roman qui ont traversé l'histoire, non. Je parle de cette femme anonyme d'hier, à la vie de mère de famille, remplissant ses devoirs de femme à la maison, aux champs ou à l'usine. Et qui à quarante ans déjà en paraissait soixante, totalement laminée par les maternités et la douceur du vivre au quotidien !

C'était il y a un siècle à peine, mais c'est encore aujourd'hui, n'oublions pas, toutes celles, si nombreuses, en France aussi, souvent venues d'ailleurs, et aussi en Europe, toutes les autres des presque trois quarts de la planète, qui très vite n'ont plus d'âge. Et qui n'ont ni le temps, ni l'argent pour s'en préoccuper, elles qui triment dans les champs, sur les marchés, sur le bord de la route, les mains dans la fumée d'un feu sous la chaleur du soleil tropical... Entre elles et nous, tout un monde. Elles qui font, qui sont vieilles, usées, à cinquante ans.

Mais nous ? Entre cette femme du XIXe, ces femmes pauvres, et nous, femmes françaises moyennes, quelle révolution ! Sur le plan des libertés, de la profession, de la santé, de la sexualité, de la vie quotidienne et spirituelle. Rien à voir. Mais aussi, car quels que soient les siècles et les lieux, les milieux et les valeurs, entre elles et nous, une constance, l'éternelle féminité[1]. Comme elles, comme pour nous, la vie de petite fille et puis les règles, la vie à porter, la naissance des enfants, à faire grandir, et puis aussi l'amour à vivre, le désir de plaire, d'être aimée, reconnue. Et toujours, quelle constance aussi, comme elles, comme pour nous, aujourd'hui comme hier, malgré les millénaires qui ont passé, le même clivage, la même frontière, les mêmes représentations

---

1. Rien à voir avec « l'éternel féminin » qui déjà nous met dans des cases à l'étage inférieur ! *Cf.* Simone de Beauvoir, *Le deuxième sexe*, Gallimard, 1949, p. 24.

sur ce chiffre cinquante, les mêmes préjugés, les mêmes tabous qui perdurent. Malgré la belle et bouleversante expression : an 2000, un monde en mutation.

Certes, on disait au siècle dernier de la femme de quarante ans ce qu'on dit aujourd'hui de celle de cinquante. Mais si l'on a gagné dix ans, les préjugés perdurent, et c'est une piètre victoire. Il n'y a pas si longtemps que l'on traite à part ménopause et vieillesse[1] !

Incasables

Alors, où nous ranger ? Parce que vous savez bien, il faut toujours classer, cataloguer, catégoriser, sinon, ça fait désordre, comment nous retrouver ? Le problème, c'est de remettre les fichiers à jour. Dans les têtes. Et là, ça ne risque pas. Le seul endroit où nous apparaissons à la bonne place, c'est, merci l'INSEE, dans les statistiques démographiques 2004. Incluses au sein des 20-64 ans. Ici au moins, on tient compte des réalités professionnelles et sociales et on ne verse pas dans le marketing avec la fameuse ménagère de moins de cinquante ou plus de cinquante ans.

Mais ça ne nous console pas assez. Parce que cette catégorisation est bien loin du discours ambiant. Celui de notre image de femme de cinquante ans, bien moins sympathique que ce fromage d'une statistique, si juste soit-il en terme d'économie. Si je tape sur le net cinquante ans, hop ! D'un coup, brutalement, me voilà propulsée sur la planète senior.

---

1. Alfred Sauvy, fondateur de l'Institut national d'études démographiques, et Robert Debré, pédiatre, définissaient le vieillard comme une personne âgée de plus de soixante ans. Voir à ce sujet les pages 20-22 et 35-36 du livre très riche de Marie-Christine Laznik, *L'impensable désir. Féminité et sexualité au prisme de la ménopause*, Denoël, coll. « L'espace analytique », 2003.

Pourtant, là, je faisais bien partie des actifs ? Et senior, ça sonne retraite, qu'on le veuille ou non. Notez que je n'ai rien contre les seniors[1], mais je pense, et vous aussi, qu'on n'en est pas encore là, du moins, là aussi, dans la représentation que l'on s'en fait. Chaque chose à sa place et chaque chose en son temps comme on dit. N'empêche !

Tenez, un exemple : je n'ai rien non plus contre Christiane Collanges, auteur d'un best-seller sur les femmes mûres et bien mûres. À sa façon, elle lutte contre les préjugés et donne à juste titre un portrait dynamique des femmes d'aujourd'hui. Mais, rien que le titre : *La deuxième vie des femmes*, c'est tomber dans la caricature que je dénonce : faire de la ménopause une rupture dans la vie d'une femme d'aujourd'hui ! Ne pas considérer en 2005 que nos cinquante ans s'inscrivent dans une continuité, nous inclure avec les femmes de sa génération, qui est celle de nos mères, tout ça parce que nous sommes ménopausées ! Elle a beau nous appeler avec affection les seniorettes, désolée, même jeunes grands-mères, si nous avons les mêmes affinités, nous n'avons pas les mêmes mentalités, nous ne sommes pas d'un même monde, et ce, sans ostracisme aucun. Si nous nous sentons, en prenant de l'âge, de plus en plus de complicité, de compassion, de cœur avec les femmes, nous ne sommes pas à mettre toutes dans le même panier.

J'ai des amies de soixante-dix et de quatre-vingts ans, mais notre histoire de femme de cinquante ans, n'est pas la même. Nous sommes la génération des mutantes, la génération de femmes la plus libre, jusqu'à présent, de l'Histoire.

---

1. Au départ, le terme « senior » était attribué aux cinquante – soixante-quinze ; au-delà, on disait « vétéran ». Le terme senior – quel hasard dans une France jeuniste ! – est resté, englobant tout ce qui dépassait cinquante...

Entre la vie de mes amies plus âgées et la mienne, le droit d'avoir un enfant si je veux, quand je veux (bon d'accord, il y a des limites…), le droit de le refuser aussi quand il arrive, le droit de l'élever toute seule, tout cela sans être jugée, rejetée, sans attendre la ménopause et mon devoir de femme accomplie. Entre elles et moi, c'est comme entre nos mères et nous. L'autonomie et la liberté sexuelle. Mais s'il nous reste l'autonomie, c'est sur ce plan-là, justement, celui de la sexualité, de notre féminité, qu'on nous envoie de l'autre côté, passés cinquante ans…

Une génération de mutantes

Cette liberté, nous la devons en partie à nos aînées de quelques années qui firent les barricades en 68, nous qui avions alors entre douze et quinze ans. Et nos dix-huit, vingt ans furent sans doute parmi les plus heureux de la vie des filles de tous les temps. Et cette rupture avec l'autorité traditionnelle, la liberté d'esprit possible, nous l'avons vécue souvent avec passion. Ensemble, elles et nous, nous avons milité pour l'avortement, avons pris la pilule et pour certaines, les plus « libérées », nous avons même pratiqué l'amour libre et sans préservatif, aimé qui l'on voulait, quand on voulait, juste pour le plaisir des sens, dans la pulsion de l'instant, pour la découverte de l'autre. Et tout cela, bien loin de représentations pornographiques ! L'amour, c'était à nous de l'inventer, de le découvrir, à chacune selon son éducation et sa sensibilité. Comme les grandes de 68 nous l'avaient indiqué. Et vous imaginez bien qu'on a répondu dix sur dix à l'injonction, trop contentes d'être obéissantes pour une fois !

Cette liberté-là était servie par un contexte économique exceptionnel. Du travail, il y en avait à la pelle ! Et pour une annonce passée dans les journaux, même sans bac, tombaient entre cinquante ou cent lettres d'offres d'emploi. Ça fait rêver, non, vous les trentenaires qui lisez ces lignes ? Vous dire encore que toutes celles d'entre nous qui avons eu la chance de pouvoir faire des études, les avons choisies, et choisi aussi notre profession, celle dont nous rêvions petites filles. Nous avons même forcé la porte des grandes écoles, jusque-là réservées aux garçons, pour réaliser nos rêves de carrière. Aujourd'hui, nous sommes aussi ces femmes de cinquante ans qui agissons pour construire le monde, à plus ou moins grande échelle, que ce soit en politique, dans la recherche scientifique, médicale, mathématique, littéraire, artistique... Nous dirigeons des ministères, des entreprises, des services, des équipes. Nous n'en avons jamais fini de créer, d'innover. Nous sommes remplies de projets comme si demain ne devait jamais arriver.

L'âge invisible

Tout va bien alors. Où est le problème ? Le problème ? C'est que la majorité de ces femmes que j'ai évoquées ne passent pas forcément à la télé, ne sont pas des stars de cinéma. Tant qu'il n'est question que de compétences professionnelles ou intellectuelles, c'est-à-dire de son cerveau, tout va bien (enfin presque, nous gagnons tout de même 30 % de moins que les hommes et nous avons besoin d'une loi sur la parité pour voir des femmes en politique...) mais, pour reprendre notre sujet, dès qu'il s'agit d'afficher notre image dans les médias, rien ne va plus ! Cinquante ans, ça fait tache. Rien que de le savoir. La cinquantenaire que l'on affiche se doit d'être une femme affichable. Si le temps est presque fini où la femme de cinquante ans à l'écran était la femme de..., il faut être aujourd'hui ministre de la Défense pour promener ses cinquante ans sous les caméras, ou bien numéro une mondiale sportive, voire prix Nobel de la paix ou de littérature... Non, ce n'est pas donné à toutes les cinquantenaires de passer à l'écran. La milliardaire peut y songer, la réalisatrice hors pair également. Quant aux autres, elles ont beau faire référence, on les voit peu. Pas dans la pub. Pas tellement non plus au cinéma. Ni beaucoup dans les romans.

Et si on entend un peu parler de nous, je veux dire avec ce chiffre au bout qui ne dit rien et tout à la fois, le discours est souvent le même, déformé, reformé, formaté. Car, à dire vrai, on ne voit pas grand-chose puisqu'on nous ignore beaucoup. Les trente et les quarante sont à l'honneur. Passés quarante-neuf, à quoi ça tient tout de même, nous sommes vraiment l'âge invisible, entre deux âges. Le jeune et le grand. L'entre-deux où le corps balance.

Trente-quatre années devant nous

Faudrait tout de même que ça change, parce que nous n'avons pas l'intention du tout de décrocher ! Maintenant que nous savons que nous allons vivre jusqu'à 83 ans et 8 mois, nous pouvons nous extasier de tout ce temps qui reste. Certes, mais dans quel état ? Nous allons nous la jouer positive.

Faire confiance à l'économie, à la science, à la médecine pour rester actives et belles longtemps, boostées par les crèmes, les coups de bistouri, le sport et les légumes bio. Rêver que nous serons toujours dans la course, à l'extérieur comme à l'intérieur. Tenez, avec ce que nous promet la science, nous avons peut-être quelques chances de ne pas devenir totalement gagas une fois les deux pieds bien campés dans le grand âge ! Vous savez, et ça nous est tous arrivé, ces vieilles personnes qui ne se souviennent plus de l'endroit où elles viennent de déposer leurs lunettes, leur portefeuille ou leur dentier, ce dernier souvent retrouvé sur les lavabos des restos ? Très fâcheux, ça, un des symptômes du vieillissement de notre système nerveux. Et pas anodin du tout ! Quarante pour cent des plus de soixante-dix ans en sont actuellement touchés. Bientôt, fini ce genre de désagrément. D'après des recherches, aux résultats certes encore controversés, il semble que l'on pourra pallier ces pertes de mémoire en agissant sur certaines fonctions de notre système nerveux[1].

Encore plus prometteur, et cette fois sur le plan anatomique. On pensait qu'à partir de vingt, trente ans, le nombre de cellules de notre cerveau commençait irrémédiablement à diminuer. Il semblerait que non. Ces cellules diminuent, certes, mais pas autant qu'on le croyait. Nous en avons en réserve, nommées cellules couches. Et elles ne demanderaient qu'à être ravivées sous l'influence de l'extérieur et selon nos activités. Bref ! On peut se « refaire un cerveau »[2]. Raison de plus pour rester actives longtemps, selon sa propre histoire, d'autant que nous devrons sans doute travailler au-delà de soixante ans (pour celles qui rêvent de quitter le bureau, dommage...). Nous qui regardons avec un étonnement mêlé d'effroi les lents travaux inexorables de la décrépitude, n'est-ce pas revigorant toutes ces bonnes nouvelles ? Jamais assez, je vous l'accorde. Et si dans nos sociétés riches on bat aujourd'hui des records jusque-là inégalés de longévité, (un bébé qui naît aujourd'hui a une « espérance » de vie de cent ans) on ne s'arrêtera pas pour autant de vieillir jusqu'à l'instant fatal. Oui, que l'on soit homme ou femme, et surtout femme, vieillir, c'est l'inacceptable qu'il nous faut accepter.

---

1. *Source :* Actes de la rencontre internationale de prospective du Sénat : « Travail, retraites, santé : quel bien-être pour demain ? Enjeux et perspectives du vieillissement démographique », Palais du Luxembourg, jeudi 19 décembre 2002.
2. *Ibidem.*

© Eyrolles

CHAPITRE 2.

Entre jeunesse et vieillesse, mon corps balance...

Cinquante ans, je positive !

On continue de positiver, ça s'appelle la sagesse ! Nous voilà libres en principe, nous avons conçu deux enfants et demi en moyenne, ils sont maintenant grands, partis de la maison, ou ça ne saurait tarder. En tout cas, même s'il faut encore les aider financièrement, ils ont leur vie et nous la nôtre. Pas toujours facile au début. Et puis, ça fait bizarre la maison vide, les armoires dégagées, les tiroirs de commode où traînent quelques chaussettes dépareillées et un tee-shirt d'enfance délavé. Ça fait même triste, on tourne en rond. On appelle ça en psychanalyse le syndrome du nid vide. On finit tout de même par arrêter de tourner en rond et puis on s'organise la vie autrement. Ce que nombre de générations de femmes n'ont pu faire avant nous. On commence à refaire la maison, on a du temps pour soi, tout plein. D'autant qu'on se retrouve parfois toute seule. Celui qui partageait nos jours et nos nuits, comme on dit, a préféré les partager désormais avec sa secrétaire ou une étudiante, de toute façon une plus jeune en général, avec qui, c'est fréquent, il va refaire une famille pour ne pas voir le temps passer. Lui, ses cheveux grisonnants, ses rides qui, s'il est bronzé, lui donnent un air d'aventurier des mers du Sud, son ventre qui commence à pointer et qu'il planque sous le flou artistique d'une chemise, lui, il peut dire qu'il a cinquante ans, et s'il a un peu de pouvoir social en plus, c'est plutôt bien vu... Encore que les goûts évoluent avec le temps, gare à la jeunesse ! Nous, c'est autre chose. Un fait certain cependant, nous n'allons pas le pleurer pendant les trente-quatre années qui restent à vivre. D'autant que le plus souvent, c'est nous qui l'avons prié plus ou moins gentiment de nous laisser enfin de l'air... Alors, une fois rentrées à la maison, la porte du bureau claquée, nous nous retrouvons avec du temps pour nous, à faire enfin ce qui nous plaît. Nous n'avons d'ailleurs pas attendu nos cinquante ans pour nous réaliser à côté du boulot, dans lequel nous avons d'ailleurs confirmé nos compétences. Ce besoin d'affirmer notre identité à travers la créativité, au sens large, ça a commencé vers nos quarante-cinq ans, en fait, chiffre clé d'après les psychanalystes et les médecins. Car cette fameuse ménopause, on la prépare déjà inconsciemment. Franchi le cap des cinquante ans, on appelle ça aussi notre « deuxième vie », comme vous savez, alors il faut la préparer.

Pour les psychanalystes comme Carl G. Jung, c'est à ce moment-là que nous allons commencer à véritablement développer ou affirmer notre créativité, afin de pallier la situation à venir, voire donner aussi une dimension spirituelle à notre vie, si ce n'est déjà fait. Et c'est vrai que nous avons autour de nous des copines de ces âges-là (voire quelques copains aussi) qui partent en retraite faire *za zen*, et profitent au pire de ce temps « arrêté » pour cesser la cigarette, l'amant obsédant ou les sucreries... Ce n'est pas seulement pour combler le fameux nid vide, même les femmes qui n'ont jamais eu d'enfant semblent ne pas y échapper. Alors on peint, on en a toujours rêvé, on écrit sa vie, on apprend la cuisine chinoise ou la déco, on fabrique des bijoux que l'on expose au bureau, on fait des arts martiaux, on suit des cours pour être davantage en harmonie avec soi et le monde. À la fin des stages (ça s'inscrit sur une durée), on n'est pas forcément devenue une artiste accomplie et reconnue, ni un futur maître zen ou une sainte Thérèse mais la distance entre soi et le monde est celle acquise par l'expérience et, on s'est fait de nouvelles complices pour parler des amours en déclin, en cours ou à venir. De vraies adolescentes.

C'est le bouleversement hormonal qui voudrait ça, comme à la puberté[1]. Mais là où on recevait alors la promesse d'être une femme, avec l'arrêt proche ou définitif des règles on reçoit celle de devenir vieille, nettement moins joyeuse. Alors, on organise la lutte contre le déclin final, on drague même sec parfois, les lieux varient, entre les sites de rencontre sur le net, les voyages organisés, les treks dans le désert, le club Méd. ou le vieux copain qu'on plantera si besoin est. Et pour se donner les moyens de la lutte, on refait du sport, la cellulite ça commence vraiment à craindre, on alterne les régimes et les fêtes, on mange bio et soja, et on se vitaminise, se crème antirides, s'expose la tête au nord pour mieux dormir, et si ça ne va vraiment pas, on ira peut-être même jusqu'à consulter une diseuse de bon avenir... Bref, dans l'ensemble, on n'est pas vraiment malheureuse à cinquante ans, en général en bonne forme physique et ouverte au monde. On aime la vie, toujours autant les fringues, plus que jamais plaire et séduire (un syndrome psychologique bien compréhensible) et on continue d'avoir son petit succès au bout du compte, chacune dans sa catégorie.

---

1. *Cf.* Hélène Deutsch, *La psychologie des femmes. La maternité*, « Bibliothèque de psychanalyse », Presses universitaires de France, 1949.

De la littérature, en veux-tu, en voilà !

Voilà, c'était le portrait positivé d'une cinquantenaire, dans laquelle chacune d'entre nous devrait se reconnaître un peu. Je passe volontairement sur tous les symptômes souvent nourris de préjugés, telle la soi-disant perte de désir à la ménopause (même papa Freud a reconnu un accroissement de la libido à ce moment-là de notre vie). C'est cette attitude résolument positive que vous retrouverez en général dans les nombreux ouvrages sur la ménopause. Car c'est fou ce qu'on écrit sur le sujet ces derniers temps ! Ça change du temps où, dans les années soixante, Évelyne Sullerot, fondatrice du planning familial, a dû renoncer à prononcer un discours traitant du sujet, tant la simple évocation en était jugée choquante ! Bref, après les nombreuses encyclopédies sur la grossesse désormais médicalisée, ceux sur la ménopause maintenant. Pensez, cinq cent mille femmes qui entrent en ménopause chaque année et qui ne voudraient surtout pas être perçues comme entrant au couvent ! Ça mérite de discrètes et vastes campagnes de marketing dans de nombreux domaines. Mais pourquoi avoir tant besoin de rassurer les femmes sur un phénomène somme toute naturel ?

On en fait un tel monde ! Et nous voilà une fois de plus les sujets malgré nous consentantes d'un nouveau discours médical et vulgarisateur, maternant, pédagogique… Et hélas nécessaire ! Car on leur a fichu la trouille aux copines à qui ce n'est pas encore arrivé, même franchi le cap. On leur a raconté tout haut ce qui se disait tout bas, et ça ressemblerait presque, comme on le verra plus tard, à une jolie campagne d'intoxication réussie.

Ainsi, quand on ouvre ces livres, après qu'ils ont affirmé notre exceptionnelle longévité et notre génération hors pair (et je n'ai pas échappé non plus à ce premier discours !), le ton employé est tel qu'on a immédiatement l'impression d'être entrée dans une longue période de convalescence dont nous ne sortirons au fond jamais. On nous parle douce-ment, surtout ne pas nous alarmer semble être le mot d'ordre. Et l'on va ainsi de page en page comme on arpente-rait, l'air de rien, les couloirs lumineux d'une grande clinique privée, stylisée, d'avant-garde, aux couleurs d'une boîte de médicaments féminin, de ce bleu azuréen des cieux grecs au printemps, avec une pointe de vert pastel, ton gynécée assurément.

Et là, de témoignage en témoignage, des femmes encore belles, avec un air un peu tragique, glissent sur de grandes dalles de marbre blanc, sans bruit, juste un murmure, vers des fontaines de jouvence où elles vont s'abreuver pleines d'espoir. Et tout ça sous les yeux attendris d'une grande prê-tresse, vêtue de blanc, qui dispense sereinement, entre noms barbares et maladies féminines terrifiantes, anecdotes et conseils : comment mieux dormir, ne plus transpirer, moins s'énerver, aimer encore, des hommes, plusieurs tant qu'à faire, il en pleut ! Et aussi des femmes, pourquoi pas, et l'échangisme tant qu'on y est, c'est tendance et ça reste en famille. À défaut, nous encourage au plaisir solitaire, les ersatz, de la marque en plus, ne manquent pas. Bref, tout est bon, du moment que vous comprenez que votre sexua-lité est intacte, votre libido au top, et qu'il faut continuer à vivre !

Et certes, même si je force le trait, ces livres sont devenus nécessaires aux femmes qu'on a rendues anxieuses de ce passage obligé[1]. On les referme, moins incultes, rasséré-nées, les témoignages abondent et dans le nombre, on a trouvé le sien. On n'est pas si différentes que ça au fond ! Mais ça ne dure pas longtemps. Le premier coup d'œil dis-

---

1. À lire, Claudie Lepage, *Le nouvel âge d'or de la femme. Aborder la cinquantaine en toute sérénité*, J'ai Lu, poche, 2003. Et aussi, de Karen Jensen et Lorna R. Vanderhage, *Une ménopause sans hormonothérapie*, Éditions AdA, 2002.

trait sur sa taille, sur les marques de son poignet, sur la petite veinule qui est venue s'exploser en étoile sur sa cuisse jadis immaculée, le test du crayon sous le sein, qu'on fait depuis qu'on a vingt ans, et qu'on peut parfois remplacer par le test de la trousse … Ce coup d'œil qui renvoie à ces années, si loin déjà, où la peau était lisse et nette comme celle d'un nouveau-né. Parce qu'on aura beau lire tous les livres du monde sur la question, prendre toutes les potions magiques, y'a pas, comme le dit Élisabeth Weissman, « le corps nous lâche »[1].

N'empêche… Dur, dur de se voir vieillir !

Tenez, pour ne pas faillir non plus à la tradition du témoignage, qui permet notamment l'identification aux personnages (très important ça, l'identification, on se sent plus fort à plusieurs), bref, voici celui de Martine, cinquante et un ans, mariée (n'envisage pas pour l'instant de divorcer), deux enfants étudiant loin du foyer. Elle vit dans une grande ville française, est active, intègre, intelligente, un rien cynique, et sera, pour illustrer parfois notre « ménagère de (plus) de cinquante ans », notre témoin privilégié du regard que la société pose sur cet âge que l'on disait autrefois « critique »[2] !

---

1. À lire, Élisabeth Weissman, « Le corps qui lâche. Réflexions autour de la levée d'un tabou… » in *La ménopause. Regards croisés entre gynécologues et psychanalystes*, sous la direction de Pascale Bélot-Fourcade, Diane Winaver, Érès, coll. « Points hors ligne », 2004.

2. Martine n'existe pas, ou plutôt si, elle a été volontairement créée à l'image des préjugés par notre complice, Jean-Marie Gachon. Et ce n'est pas mal non plus d'avoir le regard, féroce parfois (comme il peut l'être en ces circonstances), d'un homme, surtout qu'il ose avouer, le traître, qu'il préfère les femmes beaucoup plus jeunes ! J.-M. G. est chargé de communication au CNRS, auparavant professionnel de l'image pour le Parlement européen et pour des agences de publicité.

Alors comment vit-elle ce difficile passage du temps Martine ?

« Ma ménopause me fait grossir. Du moins, je lui attribue les récents kilos que je me suis octroyés. "T'es encore bien pour ton âge", ne cesse-t-on de me dire. Je ne réponds pas merci car la remarque ne résonne pas franchement comme un compliment. J'entends surtout que je devrais être plus moche, plus altérée. Bref, je ferais bien de penser à devenir conforme au vieux produit qu'on s'attend à trouver quand on me rencontre. Je me croyais la plus vieille jeune du quartier, on me regarde comme la plus jeune vieille, c'est différent. Le regard des autres a ceci d'inconvenant : il vous ruine assurément. »

Le pire regard que l'on porte, cependant, c'est le sien. Parce que nous seules savons ce que nous avons été et ce que nous avons perdu. La ménopause a ceci de cruel, plus que l'arrêt des règles, il y a un temps pour tout, c'est qu'elle nous indique sans fard que nous sommes entrées dans le vieillissement. Même s'il a commencé depuis longtemps. Ce sang qui venait, plus ou moins régulier, chaque mois, c'était la vie qui circulait et que l'on pouvait donner. Les hommes, eux, ne font pas face à cette réalité-là, et le temps ne leur est pas compté de la même façon. Car, d'un point de vue biologique, ces fameuses hormones qui vont s'amenuisant sont comme une grande horloge qui nous rappelle à l'ordre : tu vieillis.

Et c'est terrible ce constat-là, parce que nous, les cinquante ans d'aujourd'hui, comme nos aînées de quelques années, nous n'étions pas préparées à cette réalité. Même si nous avions lu *La vieillesse* de Simone de Beauvoir ou encore celle vécue par Françoise Giroud. Vieillir est si politiquement incorrect, comme ce sera terrible alors pour nos filles, déjà obsédées par cette perspective que nous n'envisagions pas à leur âge !

C'est ce constat du « corps qui lâche » que soulèvent avec beaucoup de justesse Régine Lemoine-Darthois et Élisabeth Weissman, dans leur livre *Elles croyaient qu'elles ne vieilliraient jamais*[1], une enquête réalisée volontairement auprès de femmes nées dans les années quarante-cinq, cinquante, cadres supérieures, chefs d'entreprise, femmes de médias ou du spectacle, et où leur est posée la question de leur image de femme de cinquante ans. Comme nous, leurs cadettes dans la foulée de 68, elles ont hérité des libertés gagnées. Comme nous, elles ont porté les valeurs fortes de ce temps-là, « révolution permanente », justice, liberté d'être. Comme nous, elles croyaient qu'elles ne vieilliraient jamais. Mais aucune idéologie, si elle donne la jeunesse d'esprit, n'a offert tangiblement l'immortalité.

Et dans cette enquête, française, d'oser enfin dire crûment ce que d'aucunes pensaient tout bas. Ce « corps qui a lâché »[2] passée la cinquantaine, et dont voici l'image qu'elles en ont, à cinquante ans : « *Cinquante ans, c'est la décrépitude, j'ai perdu le contrôle de mon corps, il s'effiloche [...] Je me défais de partout ; ma peau devient lâche et flasque [...] Mes bras pendouillent, j'ai honte [...] Je ne montre plus mes jambes, je ne montre plus mes bras, je ne me promène plus nue devant mon mari [...] J'ai perdu ma légèreté [...] Je n'ai plus d'identité [...] Je vis mon corps comme un corps vieillissant qui n'est plus attirant [...] Les hommes ne me regardent plus, je suis devenue transparente.* »

Ça fiche un grand coup de blues, non ? Des mots sans doute excessifs à la lecture, mais comme il s'agit de femmes belles et soignées, cette lente destruction de leur image cor-

---

1. Régine Lemoine-Darthois et Élisabeth Weissman, *Elles croyaient qu'elles ne vieilliraient jamais. Les filles du baby-boom ont cinquante ans*, Albin Michel, 2000.
2. Élisabeth Weissman, « Le corps qui lâche. Réflexions autour de la levée d'un tabou... », *op. cit.*, p. 92.

porelle n'en est que plus cruelle. Même s'il est subjectif, ce coup de blues, ne correspond sans doute pas à leur pouvoir de séduction encore intact.

Nous ne devrions pas avoir un tel sentiment de honte. Nous nier autant parce que le temps a passé. C'est dénier notre vie, qui a laissé ses traces, porté nos émotions, a profondément façonné notre unicité. Et notre histoire, jointe à des bras un peu moins fermes et des cuisses enrobées, n'empêche pas forcément de séduire ! Le désir est mystérieux et se place ailleurs. Dommage pourtant que ce soient nos copines qui, le plus souvent passé un certain âge, voient... notre âme ! Allons, ne soyons pas cyniques. En vérité, c'est à nous, et à nous seules, car personne ne le fera à notre place, de changer les mentalités.

Mais ce lâchage dont parle Élisabeth Weissman n'est pas seulement corporel et identitaire. Il est, plus grave encore, social. Et c'est cela que nous dénonçons ici. Ce regard de la société, souvenez-vous de ce que dit Martine, notre témoin dans cette affaire, ce regard qui nous assigne un statut dans lequel on veut nous enfermer. Car ce qui a le plus étonné les auteurs, Régine Lemoine-Darthois et Élisabeth Weissman, c'est bien ce lâchage social, dont nous sommes les victimes consentantes : leur enquête, *Elles croyaient qu'elles ne vieilliraient jamais*[1], bien que levant un véritable tabou concernant les femmes, n'a suscité aucune réaction dans la presse féminine, excepté le magazine *Marie-Claire* ! Occulté ! La preuve est faite, s'il en fallait, il n'est pas bon être à contre-courant d'un mythe de l'éternelle jeunesse que l'on vous sert à toutes les pages...

Sans pour autant vouloir adoucir la remarque, sans doute était-il encore un peu tôt, et cette enquête aura participé d'une évolution. Cinq ans après sa parution, la ménopause

© Eyrolles

---

1. *Op. cit.*

a de plus en plus droit de cité ; des voix, de plus en plus nombreuses, s'élèvent ici et là dans les courriers de lecteurs pour signaler la grande absence des cinquante ans. Et nous avons même désormais un magazine, *Marie-France*, qui cible avec justesse notre génération.

Un vrai filon, l'utilisation de l'inconscient collectif !

Cinquante ans, un âge passage et non un âge charnière. C'est ainsi qu'il faudrait dire désormais, parce que c'est une réalité, et nos cinquante, là alors, ne résonneraient plus comme un coup de semonce (à défaut de semence). Cet âge qui fait passer de l'autre côté. Ce cinquante entre le quarante-neuf et l'au-delà, dans lequel on peut s'infiltrer, s'engouffrer. Cet espace blanc, latent, avec son petit lot d'angoisses légitimes et tout ce qu'il en est dit. À nous alourdir. À vouloir nous empêcher de continuer à avancer sur notre chemin de femme, chacune avec sa propre histoire. À vouloir nous faire brutalement changer de trajectoire, de « trottoir ». À nous assigner soudainement de rester sages. Parce que nous n'avons plus de règles ! Sommes-nous encore sous le gouvernement Vichy, avec Pétain, il y a soixante-cinq ans, qui n'avait d'yeux que pour les mères et dont la loi du 11 octobre 1940 envoyait, jusqu'en 1942, les femmes de plus de cinquante ans à la retraite[1] ?

Un petit rappel de l'histoire un peu fort, une parenthèse honteuse, mais aux grands maux les grands remèdes ! À l'intérieur de ce cinquante que l'on nous impose fatidique, s'infiltrer donc. Et dans la faille de l'entre-deux, entre ce quarante-neuf et ce cinquante, multiplier les études et les

---

1. Site INA, *Histoire et société,* archives de guerre, l'éducation de la jeunesse sous le gouvernement de Vichy.

discours, proposer un panel de solutions miracles. Oh, ce n'est pas parce qu'on nous aime, nous les cinquantenaires ! N'oubliez pas, nous sommes hors course. Mais c'est qu'on sait qu'à cet âge on n'en a pas fini d'être femme et séduisante. Et qu'on a généralement un certain pouvoir d'achat à cinquante ans. Qu'on pourrait payer cher pour rester éternellement jeune et belle pour se plaire, pour leur plaire. On a été si longtemps programmée pour ça. Et puis, nul ne niera que c'est fondamental le désir et l'amour qui circule. Vital, même. Oui, tentant tout ça. Trop tentant de ne pas profiter de ce vide de l'entre-deux. Et même un peu avant si c'est possible, pour leur faire peur à celles qui précèdent. Ça peut rapporter gros. On a déjà médicalisé la grossesse, un fait naturel. Pourquoi ne pas faire de même pour la ménopause ? En grossir les symptômes ? La rendre, la garce, responsable du plus grand nombre possible de maladies. En inventer même. En s'appuyant sur notre diabolisation légendaire, ancestrale. En jouant sur la nécessité de conserver intact ce que la nature nous a donné, notre beauté, notre jeunesse, synonyme longtemps de survie économique. La prévention de la ménopause, en faire un bouclier contre la vieillesse. Et donc contre la vie qui passe ? Faire d'un fait naturel, irrémédiable, vieillir, un fait pathologique, une maladie ? Comme si on pouvait se prémunir et guérir de la vie elle-même !

Dans cet entre-deux symbolique, porteur, tout doucement depuis un siècle, on nous a préparé les antidotes. Et c'est en France que tout cela a commencé. Quand on a découvert le rôle joué par les hormones dans notre spécificité féminine. Vous voyez où je veux en venir ?

Et d'emblée, soyons claires. Il ne s'agit pas ici de prendre partie pour ou contre tel ou tel traitement des symptômes de la ménopause. Je n'en ai ni l'autorité, ni les compétences, et ce n'est pas le sujet ici. Il s'agit juste de démontrer comment s'est mis en place, s'appuyant sur des préjugés et des théories ancestrales, un discours qui vaut son pesant d'or. Et qui vise toutes les femmes, quel que soit leur âge. Que ce discours souvent conscient s'appuie sur l'inconscient collectif pour pouvoir exister. Que nous y participons. Comme la publicité, porteuse, elle aussi et de façon plus ou moins inconsciente, de mythes qu'elle utilise pour nous vendre du vent et de l'éternité.

Mais qu'est-ce que c'est cet inconscient collectif ? Comment ça fonctionne ? Sans jouer les psys mais plutôt les instits, tant qu'à faire, et pour que nous entendions tous la même chose sous cette expression, je voudrais rappeler par une image ce que signifie l'inconscient collectif, l'une des théories de Carl G. Jung, psychanalyste et disciple dissident de Freud. Imaginez que l'homme d'aujourd'hui, et ce depuis le début des temps, est comme un arbre. Au début, il aurait été un tout petit arbre. Et chaque siècle avançant, lui aurait poussé une branche, une autre, et de plus en plus le temps avançant. Au cours des siècles, certaines auraient été élaguées, remplacées par d'autres, plus adaptées aux besoins de l'environnement. Après des millénaires, l'arbre serait immense, doté de centaines de branches. Mais ses racines, son tronc, les premières branches centrales qui sont ses fondements sont toujours là, et le soutiennent. Elles sont sa sève et sa mémoire, elles l'ont aidé à grandir. En nous, les croyances, les peurs, les rêves, portés par les mythes et les savoirs ancestraux, répercutés par la culture, de siècle en siècle, façonneurs de nos identités, des mentalités. Édifiées comme cet arbre, de branches vieilles d'au moins cinq mille ans, si l'on s'en réfère à la seule naissance de l'écriture !

Dans l'histoire de l'humanité, comme l'arbre, nous les hommes puisons dans nos racines pour avancer, nous appuyant sur les mythes qui nous font croire que l'impossible est toujours possible. Pour nous, celui du paradis perdu, de la jeunesse éternelle, de l'androgyne disparu, de l'éternel féminin. Une sève incroyablement fertile ces croyances dont nous sommes nourries et que l'on a fait devenir vérités éternelles. Qui nous imposent d'emblée une psychologie, des comportements, voire des fantasmes, des façons de concevoir les sociétés. Et auxquels nous adhérons. L'arbre est si vieux, si puissant, et il faut tant de force et d'intelligence pour en abattre les branches qui pourrissent notre vie. Ainsi, pourquoi une femme gagne-t-elle toujours moins qu'un homme ? Pourquoi vieillir la relègue-t-il à l'écart, là où l'homme mûr est en pleine puissance ? (Encore que ce mythe de la jeunesse lui retire progressivement du pouvoir !). Tant de discours qui s'appuient sur ces racines-là, transmis par les contes, et les histoires qui font les films, et le théâtre, et l'art, et toute forme d'expression en général. Soit, de façon consciente. Au-delà de toute raison. Mais non sans logique.

Et l'homme est encore un tout petit arbre, minuscule dans l'histoire des temps à venir. Et pour chaque petit progrès en la faveur de l'homme, et ici de la femme, combien de siècles encore pour élaguer des branches qui ont décidément trop mal vécu !

CHAPITRE 3.

La ménopause : pas de quoi en faire une maladie !

De la nature à la culture

D'emblée vous dire qu'il ne s'agit pas dans ce chapitre de répéter ce que de nombreux livres ont fort bien traité sur la question, et ce en termes médicaux et psychologiques. Non, juste vous raconter l'histoire d'un fait biologique, naturel, traité par des médecins comme une maladie (et toute femme, du coup, comme une malade potentielle !), et ce en me reposant sur les recherches de Daniel Delanoë, médecin et anthropologue. Un fait naturel donc devenu presque un problème de société par les discours négatifs qui l'accompagnent.

Comme je l'ai déjà dit, nous sommes cinq cent mille Françaises à « entrer » en ménopause chaque année. Sachant qu'en 2050, une femme sur deux sera ménopausée, il serait temps, Mesdames, qu'on cesse enfin de nous regarder comme une espèce en voie de désagrégation.

Tenez, avant d'aborder la saga du sujet qui nous préoccupe, écoutez ce qu'en pense Martine, notre ménagère de (plus) de cinquante ans. C'est lucide et pathétique !

« L'âge du demi-siècle a ceci d'inconvenant : il nous prive de notre plus singulier pouvoir, la maternité. Et si la maternité est une arme, me voici désarmée ! Je ne peux plus opposer aux hommes cette menace de leur faire un enfant, pas plus que je ne peux leur tenir cette promesse de leur en donner un ! Ainsi, aimer une femme ménopausée relève d'un amour inutile, étant donné qu'aucun produit ne sortira de cette union, pour ne pas dire de cette femelle ! Notez que je reste volontairement dans le registre biologique. Ma belle part féminine ne tenait-elle alors qu'en la seule possibilité d'être gestante ? Et si la maternité est une arme, me voici complètement vulnérable. Face au mâle conquérant, je n'ai plus rien pour me défendre. Et d'ailleurs, il s'en fiche, le mâle ! Dès lors que je ne suis plus fécondable, il ne me considère plus comme une adversaire digne de lui. Vaincue d'avance. Ai-je pour autant cessé d'être une femme ? Les autres, les fécondes, les fertiles, les génitrices, elles tiennent sur lui l'avantage de maîtriser sa lignée. Et il voudrait bien piloter et contrôler davantage cette fonction, et toutes celles qui l'accompagnent et qu'il ne peut faire sienne ! Des millénaires qu'il en rêve ! »

La ménopause, ce n'est pas une maladie. Ni bénigne, ni grave, ni incurable mais un état irréversible ! Un phénomène biologique universel qui signifie l'arrêt des règles, et ce généralement entre quarante-cinq et cinquante-cinq ans. Plus de règles, plus d'ovulation (les ovaires cessent de fonctionner), plus de bébés à venir. Plus non plus, tout est lié, de production, en moyenne tous les vingt-huit jours, d'hormones, œstrogènes et progestérone[1]. Un jour, ça s'arrête, c'est la fin du système de reproduction de la primate humaine

---

1. Les œstrogènes et la progestérone sont les deux hormones de la féminité et de la fertilité. Elles sont sécrétées par les ovaires qui apparaissent à la puberté et qui permettent d'assurer les cycles menstruels et l'ovulation, et s'il y a fécondation, la nidation.

que nous sommes, comme la baleine pilote (hé oui !) qui a sa ménopause vers l'âge de trente ou quarante ans et peut vivre en moyenne encore quatorze ans[1], comme les chiens, les lapins, les éléphants et les animaux du bétail domestique.[2] À partir de là, le reste est en grande partie littérature, certains discours médicaux, pouvoirs à conserver, finances à multiplier...

Et c'est en France, dès la fin du XVIIIe siècle, puis en Angleterre, un siècle plus tard, que la ménopause a été considérée et traitée comme sujet médical. Un processus qui est allé grandissant jusqu'aux années 1970. Voici l'histoire.

La femme a toujours été un mystère à résoudre. Au début de cette inlassable recherche, de l'antiquité au XVIIIe, on la considère d'abord comme une partie inférieure du corps de l'homme (ça rappelle quelques souvenirs). On pense que ses ovaires sont les pendants (*sic* !) des testicules, et c'est comme ça qu'on les nomme pendant deux mille ans (Galien, IIe siècle). On croit aussi que l'utérus est mobile et qu'il peut se promener jusqu'au cerveau ; de là, on va même jusqu'à dire qu'il constitue le cerveau des femmes (ceci explique cela). Mais il faut bien que recherches se fassent. Tout cela nous mène aux années 1870, où l'on finit par comprendre que les ovaires sont liés aux règles. Une révélation qui expliquerait la psychologie de la femme ? C'est donc par l'ablation des ovaires que l'on soignera l'hystérie et autres douleurs.

---

1. *In* Jared Diamond, *Pourquoi l'amour est un plaisir*, Hachette, 1999, p. 129, cité par Daniel Delanoë, « Les troubles psychiques attribués à la ménopause et le regard des hommes », *in* sous la direction de Pascale Bélot-Fourcade, et Diane Vinaver, *La ménopause, regards croisés entre gynécologues et psychanalystes, op. cit.*, p. 151.
2. *Ibidem*, d'après C. Parker. M. Tatar, A. Collins, "Reproductive cessation in female mammals", magazine *Nature*, 392, avril 1998, p. 807-811.

Mais comment, en l'état des recherches, la femme réglée et ménopausée est-elle perçue ? Voici un extrait d'un best-seller du XIIIe siècle écrit par un dominicain, Albert le Grand[1] : « *Les vieilles femmes qui ont encore leurs règles, et certaines dans lesquelles elles sont retenues, si elles regardent des enfants couchés dans un berceau, elles leur communiquent du venin dans leur regard. La cause de cela [...] vient de ce que le flux et les humeurs, étant répandus dans tout leur corps, offensent les yeux, et les yeux étant ainsi offensés infectent l'air, et l'air infecte l'enfant [...]. On demande aussi d'où vient que les vieilles femmes à qui les règles ne fluent plus infectent les enfants. On répond que c'est parce que la rétention des menstrues engendre beaucoup de méchantes humeurs et qu'étant âgées, elles n'ont presque plus de chaleur naturelle pour consumer et digérer cette matière, et surtout les pauvres qui ne vivent que de viandes grossières qui y contribuent beaucoup ; celles-là sont plus venimeuses que les autres.* »[2] Brrr... ça vous a un petit air de sorcellerie tout ça qui ne manquera pas d'empester les siècles suivants, surtout si vous étiez vieilles et pauvres ! Sachant que ce best-seller scientifique a duré jusqu'au XIXe siècle, comment s'étonner après que tant de préjugés nous collent encore à la peau (qui n'est ni vieille ni ridée et sent bon le parfum...) ? À noter un progrès tout de même pendant tout ce temps, le danger se déplace. La femme ménopausée n'est peut-être pas si terrible que ça finalement mais par contre, on le comprend, elle est en danger.

Mais poursuivons. Jusqu'au XVIIIe, on suppute toujours quelques petites théories mais les écrits sur la question, faute de neuf, restent rares, se limitant à savoir à quel âge un tel phé-

---

1. *In* Daniel Delanoë (sous la dir. de P. Aïach et D. Delanoë), « La médicalisation de la ménopause. La pathologisation comme processus de socialisation », *L'ère de la médicalisation. Ecce homo sanita*, Éditions Anthropos, 1998, p. 215-247.
2. Cité par Daniel Delanoë, *ibidem*, p. 215.

nomène peut advenir. Au xxe siècle, grande découverte : la féminité, ce n'est plus l'utérus, ni non plus les ovaires, mais les hormones. Vous voyez où je veux en venir ?

Du coït interrompu, de la Révolution française et de la ménopause...

C'est la Révolution française, en quelque sorte, qui va révéler le mystère. Jusqu'alors, comme dans toutes les sociétés traditionnelles, les femmes alternaient grossesses et allaitement (à cette époque la moyenne des naissances n'était pas de 2,12 enfants par femme...)[1], et l'arrêt des règles se faisait, pardonnez-moi l'expression, dans la foulée du dernier accouchement. Comme l'espérance de vie était alors de cinquante ans jusqu'au XIXe siècle dans cette classe sociale, ni vu, ni connu. Avec la Révolution, les femmes de l'aristocratie vont perdre une bonne partie de leurs pouvoirs. À la guerre comme à la guerre, c'est avec celui de la séduction qu'il va leur falloir survivre. Pas question dans de telles conditions d'avoir une grande lignée. Une fois la descendance assurée, comme dans les sociétés industrielles, ces dames, mais aussi des grandes bourgeoises, pratiquent donc le coït interrompu. Pas très fiable, nos mères en savent quelque chose. Alors, quand un accident arrive, breuvages, onguents contraceptifs et abortifs, aiguilles à tricoter, voire chaux vive, remédient en général à la question. Non sans laisser de trace, notamment des fibromes utérins. Et donc des saignements. Une situation inédite pour les médecins du XIXe : comment des femmes aux cycles menstruels réguliers, sans grossesse et sans allaitement, pouvaient-elles saigner inexplicablement quelques années avant l'âge de la ménopause ? Serait-ce une différence biologique avec les autres femmes (elles ont le sang bleu !) ? Du tout. Regardez

---

1. Chiffre INSEE 2004 pour les femmes nées en 1954.

leur vie et regardez celle des femmes du peuple, une vie méritante, frugale, proche de la nature. De vraies bonnes ménagères de moins de cinquante ans, épouses fidèles et bonnes mères. Leur vie à l'air libre explique qu'elles, au moins, traversent la ménopause si facilement[1] !

Quant aux autres, ces oisives, ces aristocrates de l'ancien régime, vous avez vu quelle débauche de luxe et de luxure ! Comment ne pas s'étonner des troubles dont elles souffrent (y'a une justice tout de même !) ? Mais elles ont de l'argent, et on les soigne ; grâce à elles, on peut même poursuivre nos recherches. Prescription, ma chère, dans votre cas : une vie austère, oui Madame, tout vient de là... Le remède qui vous permettra d'éliminer toutes ces sales humeurs retenues dans votre utérus. En complément, quelques saignées par application de sangsues. Sur la vulve et aussi sur le pied, c'est un peu moins douloureux. Ah, prenez aussi des bains chauds pour transpirer beaucoup !

La ménopause « visible » des femmes de l'aristocratie, contrairement à toutes les honnêtes femmes qui menaient vaillamment grossesses sur grossesses jusqu'à la fin de leurs jours, a été le lieu de tous les fantasmes sociaux, économiques, politiques, culturels, et bien sûr érotiques. Pas bon d'être une aristocrate ménopausée après la Révolution. Plus encore que dans les siècles précédents, c'était « *la mort sociale et la chute dans l'oubli* »[2]. Dans un contexte social confus, les agressions morales qu'elles subissent, comme les grandes bourgeoises, les accusent symboliquement de tous les vices que la Révolution a combattus. Leur nouvelle vie, en totale rupture désormais avec l'ordre ancien qui régnait depuis les temps immémoriaux et, surtout, la morale de la

---

1. Période romantique chère à Rousseau, du retour à la nature et du modèle idéal de la femme, bonne épouse et bonne mère.
2. Pemeury J.-J., cité par Daniel Delanoë, *ibidem*, « Histoire illustrée de la ménopause », Roger Dacosta, 69-112 *in* Rozenbaum H. et Pemeury J.-J., p. 218.

bourgeoisie au pouvoir, renvoie chaque femme dans son foyer, ordonne ainsi à chaque sexe son rôle et sa fonction, dits naturels. Vous imaginez bien que face à de telles pressions, l'aristocrate ménopausée, sans plus aucune fonction reproductrice et, partant de là, sans plus aucune fonction du tout, devait souffrir parfois de troubles psychologiques. Vous comprendrez aussi, que les médecins commencent à considérer la ménopause comme une maladie porteuse de nombreux maux, pour ne pas dire tous ceux généralement imputés à la femme ! D'autant que les femmes pauvres, elles, n'ont pas les moyens de consulter...

Est-ce sur l'une de ces aristocrates, vingt-cinq ans avant la Révolution, que Roussel ironise déjà : « *Tout est détruit... tout est flétri.* [...] *Elle cherche à mettre à profit les dernières splendeurs...* [et fait] *de temps en temps, naître de nouvelles fleurs derrière ses pas pour produire de nouveaux fruits* [...] *la femme est encore attirante et cherche avec toute sorte d'expédients de conserver ce résidu précieux et inutile.* (N.D.L.R. : notez le mot inutile) [...] *le danger est dans le fait de vouloir prolonger le pouvoir de séduction, d'écouter un corps désirant qui malgré l'âge, "s'obstine" à vouloir inspirer l'amour.* »[1]

De par ces deux causes, pratique du coït interrompu et perte du statut social des femmes de l'aristocratie, la ménopause est restée une « maladie » spécifiquement française[2]. En Angleterre, en effet, rien à signaler. Un médecin anglais, Fothergill (1776), exerçant auprès des classes dominantes, constate que la ménopause ne présente aucune altération pour la santé, que le sang des règles ne contient aucune propriété dangereuse ou maligne, et il lui semble que les traitements que l'on inflige aux femmes sont bien injustifiés.

---

1. Pierre Roussel, *Système physique et moral de la femme*. Paris, Vincent, 1775, cité par Daniel Delanoë, *ibidem*, p. 85.
2. Toujours d'après Daniel Delanoë, *ibidem*, p. 218.

Malgré tout ce bon sens anglais, un peu moins d'un siècle plus tard, la ménopause sera considérée elle aussi comme une maladie en Angleterre. C'est un autre médecin anglais qui découvrira le rôle des ovaires dans la ménopause et qui, le premier, en décrira les symptômes sur les femmes des classes pauvres. Il constatera aussi le syndrome du nid vide chez ces femmes ménopausées.

En passant par le grec...

Dans les années 1800-1850, les ouvrages sur la question se multiplient, et principalement en France. Logique, donc, que l'on affuble d'un nouveau nom ce qui commence à être compris. L'expression latine *cessatio menstruorum*, utilisée par les savants européens, en français « cessation des menstrues » ou « arrêt des règles », sera remplacée par le terme « ménespausie », inventé par un médecin français, de Gardanne, en préface de son livre (en 1821) *Avis aux femmes qui rentrent dans l'âge critique*. Dans la deuxième édition (le sujet commence à marcher !), le terme deviendra « ménopause », parce qu'il sonne mieux (du grec *men, menos*, mois, règles, menstrues, et puis *pusis,* cessation, soit « arrêt des règles »), c'est-à-dire la même chose qu'avant, sauf que ça fait encore plus savant en passant par le grec. Et dès qu'on commence à compliquer les mots, on complique les choses... Dans cet ouvrage, avec beaucoup de sollicitude, Gardanne met en garde les femmes contre *« les grands périls qui précèdent, accompagnent, suivent la fin de la fonction menstruelle »* et qui ont donné lieu à l'expression « d'âge critique »[1].

---

1. Il y aura d'autres *brainstormings* pour trouver le mot juste, tous aussi poétiques les uns que les autres : âge de retour, déclin de l'âge, verte vieillesse, enfer de femmes, hiver des femmes, mort du sexe...

Dans le dernier quart du XIXe siècle, le phénomène du nid vide s'accentue. Les méthodes contraceptives se répandent dans les classes moyennes, la famille se réduit, et la femme se retrouve seule à la fin de sa vie, dépossédée de son rôle familial, et donc de son existence sociale. Et bien sûr, tombe malade. Et folle. Et alcoolique. Ce contre quoi la médecine préventive anglaise préconise un an de repos total dès les premiers symptômes de la ménopause... Des symptômes qui ont semblé suffisamment sévères en Angleterre pour qu'on en fasse ici aussi comme je l'ai dit plus haut une maladie.

Voilà tout près de nous, deux siècles à peine, tout ce qui déjà entache ce fameux état naturel... Comment s'étonner dès lors des queues de comètes que nous recevons encore aujourd'hui à l'âge fatidique de cinquante ans, où nous devrions être déjà mortes ! Ce rapide balayage historique se termine ici. Je vous renvoie pour de plus amples détails aux recherches de Daniel Delanoë, à partir desquels je poursuis cette vulgarisation.

Pour l'heure, biologiquement parlant, après la découverte de l'utérus et des ovaires, grands acteurs du mystère de la féminité, voici venu le XXe siècle et l'endocrinologie, soit, le temps des hormones et l'origine de toutes leurs contro-verses. Et voici comment le développement des hormones comme médicaments s'est produit dans le même temps que leur commercialisation. C'est-à-dire, sans recul !

CHAPITRE 4.

Du testicule de chien broyé aux premières hormones de synthèse

Petite annonce : hormone sexuelle féminine cherche maladie...

Alors âgé de soixante-douze ans, Charles-Édouard Brown-Secquard, éminent successeur de Claude Bernard au Collège de France, s'injecte un liquide extrait de testicule frais de cobaye et de chien. Et, miracle, s'en trouve rajeuni, revigoré tant au physique qu'à l'esprit, bref, une vraie cure de jouvence ! Confirmée officiellement auprès de la Société de biologie. Cet acte courageux (*sic* !) signe le début de l'endocrinologie, la science des hormones.

Loin d'en rester là, il injecte à son épouse, Augusta Brown, un traitement préventif contre la vieillesse, lui aussi créé à partir d'extraits de testicules. Ce traitement doit *« combattre la faiblesse féminine »*[1] d'Augusta (entendez ses ovaires fatigués...).

---

1. Daniel Delanoë, *ibidem.* « *Des années vingt aux années soixante, des androgènes furent utilisés dans le traitement de la ménopause. Ils avaient une certaine efficacité sur les bouffées de chaleur mais provoquaient des effets de virilisation : augmentation de la pilosité, raucité de la voix.* »

Pensant que « *les ovaires d'animaux produisent une sécrétion capable de suppléer à la déficience sexuelle de la femme...* » (*sic* !), Brown-Sequard poursuit ses expériences avec, cette fois, des extraits glandulaires fabriqués avec de la poudre d'ovaires de brebis. Bref ! Tandis qu'une partie du corps médical est pour le moins sceptique, une autre « se jette à corps perdu » dans l'othothérapie[1]. Et comment nomme-t-on cette « texture » aux États-Unis ? « Élixir de vie » (tiens donc !). Avec une telle promesse, imaginez le succès ! Malgré les nombreuses mises en garde de Brown-Sequard lui-même (et les nombreux accidents !) avec les précautions d'emploi nécessaires et contre les charlatans, la science et le mythe de l'éternelle jeunesse viennent de se rencontrer ! Et l'irrationnel, on le sait, fait toujours rêver plus que la raison...

En 1923, l'endocrinologie est légitimée par l'Académie anglaise[2]. Dans ses débuts balbutiants pour trouver la bonne hormone capable de guérir presque toutes les maladies des femmes, la concurrence est rude ! Et un jour, bingo ! Ernst Laqueur, biologiste, associé au laboratoire pharmaceutique Organon et à divers groupes de médecins européens, met en évidence l'hormone sexuelle féminine (œstrogène) dans l'urine de jument gravide (enceinte). Le directeur médical d'Organon déclare alors qu'on y a trouvé de l'or[3] ! C'est ainsi que va commencer toute une stratégie commerciale fondée sur une découverte scientifique... C'est bien beau d'avoir trouvé une hormone dans l'urine de jument, mais, à vrai dire, à quoi pourrait-elle bien servir ?

---

1. L'othothérapie est l'emploi d'organe ou de glande animale sous une forme naturelle ou en extraits.
2. Daniel Delanoë, toujours *ibidem*, p. 222 : « *Le programme de cette nouvelle science est défini : il s'agira de "stimuler la fabrication des hormones, administrer les hormones par voie orale, faire fabriquer par l'organisme les hormones dont il a besoin".* »
3. Daniel Delanoë, *ibidem*, p. 223.

Quels peuvent en être les effets ? Primaires et secondaires ? Pour les secondaires, la question ne s'est pas beaucoup posée.

Qu'à cela ne tienne ! De l'or, ont-ils dit ! Et voilà l'hormone de la fortune sur le marché, testée auprès des patientes pour tel ou tel symptôme selon l'imagination d'Organon, cela même avant d'avoir prouvé son efficacité quelque part ! Alors, on essaye d'abord de soigner l'absence de règles. Décevant. Puis celles qui sont trop fréquentes. Puis trop abondantes. Pas concluant non plus. On ratisse plus large du coup : une publicité de 1927 vante l'efficacité de l'œstrogène pour *« toutes les anomalies de la fonction ovarienne »*, dont troubles des règles, stérilité, ménopause… Quant aux annonces, elles font rêver les femmes : *« La beauté des femmes reviendra au galop avec Ovanop ! »* Hormis le champ équestre, une promesse déjà entendue, non ?

Et les recherches de se poursuivre. Des essais dès 1927 sont vraiment réalisés au petit bonheur la chance : l'œstrogène contre la schizophrénie, l'eczéma, les rhumatismes, l'épilepsie, la chute des cheveux, le diabète, l'hémophilie.

Toujours insatisfait des résultats (il faut le mériter un peu, l'or à venir), Organon et son équipe font leur choix en 1930 : les hormones sexuelles féminines seront principalement indiquées pour la ménopause. Comme quoi, il ne s'agit pas d'une maladie à la recherche d'un médicament, mais d'un médicament à la recherche d'une maladie[1]. Et que l'on a fabriquée, de fait[2]…

---

1. Daniel Delanoë, *ibidem*, p. 224.
2. Selon les recherches de Suzan Bell (1987), le distilbène, un œstrogène de synthèse obtenu en 1937, fait partie des premières théorisations du THS (traitement hormonal de substitution). Utilisé au cours des grossesses pendant les années 1950-1960, il a provoqué des malformations et des cancers du vagin chez les filles (Daniel Delanoë, *ibidem*, p. 224).

Les symptômes de la maladie ménopause

Pourtant, dès les années quarante et d'après les médecins, 85 % des femmes, soit la grande majorité d'entre elles, ont une ménopause physiologique, et donc sans souffrances particulières autres que celles « naturelles ». C'est cependant uniquement sur celles venant consulter (les sans symptômes particuliers, les vraies et les fausses malades de la ménopause) que les études cliniques sont menées pour dresser la liste des symptômes de cette nouvelle maladie. Un procédé concernant les hormones qui se répétera au cours du siècle, et pas si loin de nous...

Les symptômes trouvés vont être de trois ordres : biologique, psychologique et environnemental. Concernant le biologique, principal symptôme retenu, les ovaires s'arrêtent de fonctionner. Mais il y a d'autres symptômes. Le problème, *« c'est que la liste est si longue qu'il faudrait inclure tout l'index d'un manuel de médecine ! »*, déclare à peu près un chef de service en gynécologie américain[1]. On ne peut pas tous les régler en administrant des œstrogènes. Par contre, si ces symptômes sont effectivement dus à un manque d'œstrogènes, en administrer peut les faire disparaître (vous suivez le raisonnement ?). Dans l'hypothèse, le traitement par les œstrogènes doit être retenu.

Symptômes psychologiques ensuite. D'après les spécialistes, les troubles psychologiques et émotionnels jouent un rôle important. Tout dépend d'où l'on part. Chez les femmes nerveuses, névrosées et déséquilibrées, ils s'amplifient. Chez celles qui sont équilibrées, ils sont moins marqués. Dans ce cas, c'est la personnalité des femmes et non la baisse des œstrogènes qui est responsable de leur état psy-

---

1. Daniel Delanoë, *ibidem*, p. 224.

chologique, et une psychothérapie peut remplacer le traitement hormonal. Parfait de ne pas s'en tenir qu'au fonctionnement des ovaires dans le traitement de la ménopause, mais c'est, comme le souligne Daniel Delanoë, rendre les femmes seules responsables des symptômes : « *Si leurs nerfs vont bien, les symptômes disparaîtront.* » Sans songer qu'ils peuvent être la conséquence d'une place sociale et culturelle mal vécue. Si les spécialistes s'étaient imaginés trente secondes en femme aristocrate démunie au lendemain de la Révolution française, voire en femme pauvre solitaire et isolée dans la campagne irlandaise, auraient-ils pensé que quelques œstrogènes ou une psychothérapie allaient régler le problème[1] ?

Enfin, symptômes liés à l'environnement. Tout de même, les spécialistes y ont pensé, mais ils n'étaient pas en nombre suffisant... L'un note le stress engendré par une grande famille ou les problèmes économiques ou conjugaux[2]. Un autre, face aux femmes qui croient que pouvoir de séduction et libido vont s'arrêter à la ménopause, leur préconise

---

1. Entre autres mythologies sur la ménopause, on a cru longtemps que la dépression en était l'un des syndromes. Telles étaient, au départ, les théories d'Emil Kraeplin, qui nommait cela la mélancolie d'involution (1896) et la classait parmi une des cinq variétés principales de la dépression. Selon lui, cette mélancolie apparaissait chez les hommes au seuil de la vieillesse et était plus fréquente chez les femmes dès l'âge de cinquante ans. Bien que Kraeplin ait abandonné ce concept en 1921, les États-Unis, dans les années trente, en pleine expérimentation d'extraits ovariens, considéraient la mélancolie d'involution comme une forme extrême du syndrome de la ménopause, distincte de la psychose maniaco-dépressive (*in* Daniel Delanoë, « Les troubles psychiques attribués à la ménopause et le regard des hommes », *in La ménopause – Regards croisés entre gynécologues et psychanalystes,* sous la direction de Pascale Bélot-Fourcade et Diane Winaver, Éditions Érès, coll. « Point hors ligne », 2004, p. 154-156). On sait depuis que s'il y a dépression à cette période de la vie, c'est que le terrain était favorable... Encore un préjugé qui perdure, la ménopause fait déprimer !
2. Daniel Delanoë, *ibidem*, p. 226.

de faire de l'exercice, de manger sainement, de développer de nouvelles activités. Aucun n'imagine cependant qu'être femme, ce n'est pas forcément une place enviable. Surtout que le message pour ne pas devenir une femme vieille, laide et folle, une fois ménopausée, va devenir encore plus clair dans les années soixante.

Et les hormones de substitution largement disponibles et bon marché. Tout pour plaire !

CHAPITRE 5

2005, THS au compte-gouttes et longue vie au soja !

Qu'importe les risques pourvu qu'on vende le rêve !

Et les recherches de se poursuivre. Ainsi, après les hormones œstrogènes produites dans les années 1920-1940, on découvre la progestérone au cours des dix années suivantes. Entre-temps, les hormones circulent déjà et le pouvoir cancérigène de tous les œstrogènes a été signalé chez l'animal dès 1939. De ce fait, le traitement hormonal restera peu utilisé jusqu'en 1966[1].

Mais l'appât du gain est toujours le plus fort, l'industrie pharmaceutique n'allait pas laisser passer l'énorme marché potentiel du THS. Et c'est parti pour les campagnes publicitaires, aussi bien dans les journaux médicaux que dans la

---

1. Daniel Delanoë, *ibidem*, p. 227.

presse grand public[1]... Voici un premier exemple d'une de ces campagnes de pub dans la presse médicale, parue aux États-Unis[2] : une femme est assise, un billet d'avion à la main, avec son mari, impatient, derrière elle, regardant sa montre, et ce texte : « *Bon voyage ? Soudain elle préfère ne pas partir. Elle a attendu trente ans ce voyage. Maintenant elle n'en a plus envie. Elle a mal à la tête, elle a des bouffées de chaleur et elle se sent tout le temps nerveuse et fatiguée. Et elle pleure sans raison.* » Une autre pub plus loin : « *N'importe quel tranquillisant peut la calmer. Mais à son âge ce dont elle a vraiment besoin, ce sont des œstrogènes.* »

Le grand coup pour lancer les œstrogènes est monté en 1963 avec des laboratoires américains et une fondation à la tête de laquelle est placé le gynécologue Robert A. Wilson, avec un budget, attachez vos ceintures, de 1,3 million de dollars.

"Feminine for ever !"

En 1963, Wilson écrit avec son épouse (notez comme les épouses sont hélas toujours complices...), dans un journal de gériatrie, un article au titre éloquent : « *Le destin de la femme ménopausée non traitée : un plaidoyer pour le maintien d'œstrogènes de la puberté jusqu'à la tombe.* »[3] Le titre est prometteur, n'est-ce pas ? Je ne résiste pas à vous en livrer quelques bribes : « *La plupart des femmes âgées dans le passé paraissaient, se sentaient vieilles. Raides, fragiles, courbées, ridées et apathiques, elles traversaient en trébuchant leurs*

---

1. Lire à ce sujet un ouvrage récent paru sur le sujet : le livre de Martine Pérez, *Ce que les femmes doivent savoir, traitement hormonal substitutif : la fin d'un mythe*, Robert Laffont, 2005, présenté notamment dans le magazine *Sciences et Avenir*, n° 63 de mai 2005.
2. Daniel Delanoë, *ibidem*, p. 228.
3. Daniel Delanoë, *ibidem*, p. 228-229.

dernières années. Elles souffraient beaucoup et de maux nombreux. Il n'y avait pas ou peu de choses à faire pour leurs cancers cutanés, leur ostéoporose, leurs leucorrhées irritantes et leurs tissus vulvaires fissurés et saignants. Tout cela faisait partie du vieillissement. La plupart de ces souffrances peuvent maintenant être évitées et traitées.» Ce texte apocalyptique est accompagné de *« la photo d'une femme d'âge moyen marchant dans la rue est commentée par cette légende : "Aspect typique de femme désexuée rencontrée dans la rue aujourd'hui. Elles passent sans qu'on les remarque et remarquent peu de chose elles-mêmes." »* No comment. Quant à l'article lui-même, les arguments avancés pour promouvoir les bienfaits du THS sont soit fantaisistes, soit éludés, soit résolus... Ainsi en est-il des risques du cancer...

En 1966, Wilson fait très fort. Il publie en direction du public cette fois, *Feminine for ever*. Un vrai best-seller, dont le rôle a été déterminant pour la distribution du THS à grande échelle : *« Aucune femme ne peut être sûre d'échapper à l'horreur de cette décrépitude.»*[1] Sauf si : *« Dans la famille, les œstrogènes rendent la femme adaptée, d'humeur tempérée et facile à vivre. Ils contribuent au bonheur de la famille et de tous ceux avec qui elle est en contact. On a montré que même la frigidité est liée à un manque d'œstrogènes. La femme riche en œstrogènes est capable d'une réponse sexuelle beaucoup plus généreuse et satisfaisante* (sic !) *que la femme dont la féminité souffre du manque de soutien chimique.»* Et de donner des exemples : *« L'un de ces maris n'a pu éviter de tuer sa femme que parce qu'elle a pris des œstrogènes. Un autre se plaignait de ce que sa femme ne lui préparait plus ses repas, l'empêchait de dormir, lui disait des mensonges, buvait de l'alcool. Cette femme répondit bien à un traitement œstrogénique intensif et reprit rapidement ses devoirs conjugaux.»* Tout est dit.

---

1. Daniel Delanoë, *ibidem*, p. 230.

Nous sommes toujours aux États-Unis, et il faut préciser aussi que le traitement de la ménopause par les THS n'est préconisé que par une partie des cliniciens, médecins, gynécologues et, bien sûr, par l'industrie pharmaceutique. Dans le débat qui va s'organiser très vite, à juste raison, pour ou contre le THS, les chercheurs, dans l'ensemble, se sont toujours montrés très prudents. Quoi qu'il en soit, les ventes d'œstrogènes triplent entre 1967 et 1975 et deviennent le cinquième médicament prescrit aux États-Unis. Six millions de femmes en prennent alors, certaines dès l'âge de trente ans et parfois en même temps que la pilule[1], afin de ne pas vieillir. Un marché qui rapporte – enfin ! – 70 millions de dollars par an.

Tant va la cruche à l'eau qu'à la fin elle se casse. Et surtout, nous avec...

En 1975, 30 % des Américaines ménopausées prennent des œstrogènes. Mais la même année, alerte ! Ils favoriseraient le cancer de l'utérus... La *Food and Drugs Administration* ordonne à l'industrie pharmaceutique d'inscrire au moins sur les boîtes de médicament un avertissement sur les risques encourus. Résultat, de 1976 à 1977, les ventes baissent progressivement. Et, la fréquence du cancer de l'utérus aussi[2].

Pas question cependant d'arrêter un marché si juteux ! On associe les œstrogènes à des progestatifs pour minimiser les risques, et de nouveaux arguments sont déployés. Entre autres, qu'ils auraient un effet cardio-protecteur, et surtout qu'ils préviendraient les risques d'ostéoporose. L'ostéoporose ? Une vraie maladie cette fois, voilà qui peut apporter du crédit, une maladie plus grave et plus sérieuse que la

---

1. Daniel Delanoë, *ibidem*, p. 231.
2. Daniel Delanoë, *ibidem*, p. 234.

seule perte de la féminité, de la séduction et de la jeunesse. Et, qui plus est, touche 30 % des femmes. Qu'on se rassure tout de même, pas avant l'âge de soixante-dix ans en moyenne, la première fracture arrivant à soixante ans (ouf !). Et là encore, à écouter les rumeurs, on a l'impression que c'est une maladie inéluctablement liée à la ménopause et que le simple fait de plier un genou en soufflant notre cinquantième bougie, c'est la fracture du fémur assurée ! Des études concluent que la prise d'œstrogènes, le calcium, l'exercice physique et l'alimentation préviennent l'ostéoporose. Les *mass media* n'en retiennent bien sûr que les œstrogènes, plus mythique le grand rêve enfin à portée de main : après avoir dominé la nature, dominer le corps humain, mieux encore, dominer celui de la femme ! Les œstrogènes, c'est sûr, c'est plus sexy, par la promesse qu'ils suggèrent, que le footing ou la compote de pommes au coucher…

Ce nouvel angle d'attaque pour faire consommer du THS aux femmes un peu échaudées, on le serait à moins, arrive au moment où l'Europe, quant à elle (comme certains groupes du corps médical américain), est très réticente aux traitements hormonaux. Au final cependant, à la fin des années quatre-vingt en France, conscient d'une partie seulement encore des risques encourus, on lance les premiers essais. Pendant ce temps, les polémiques entre chercheurs, médecins et médias se poursuivent au niveau international, et ne sont d'ailleurs pas toutes résolues…

La suite de tous ces essais pour nous maintenir belles et en bonne santé, on commence à la connaître. En voici l'essentiel, la brièveté ici n'en sera que plus glaçante. Tous les traitements entrepris jusqu'alors ont fait état de résultats souvent faussés (par des échantillonnages biaisés, comme on l'a vu précédemment). Des enquêtes très sérieuses, américaines et anglaises, effectuées entre 1998 et juillet 2002 sur des groupes très vastes de femmes, font état des résultats suivants.

Accrochez-vous si vous ne connaissez pas encore les chiffres : « *Risque d'augmentation d'accident coronarien, + 30 % ; d'accident vasculaire cérébral, + 40 % ; de cancer du sein, + 40 %. Quant à l'étude WHI, elle devait se poursuivre jusqu'en 2005 mais elle a été brusquement interrompue par ses expérimentateurs du fait de la gravité des effets secondaires.* »[1]

Mais les hormones en France sont dites naturelles et non de synthèse[2] ? Une étude française a confirmé, cet hiver 2004, l'augmentation du risque de cancer du sein (+ 20 %), et ce malgré les hormones dites naturelles en France... Si l'étude française montre un nombre moindre de risques de cancer du sein, une chercheuse de l'Inserm rappelle que « *le recul de l'étude n'est que de quatre ans et chacun des progestatifs n'a pas été testé individuellement* »[3].

Aujourd'hui, le THS, comme il y a peu la fameuse DHEA[4], ne fait plus rêver. Selon un sondage SOFRES, sur plus de deux millions de Françaises sous THS, plus d'une sur quatre a interrompu son traitement[5].

---

1. Toutes les informations qui suivent ont été tirées du magazine *Science et Avenir* de mai 2005, « Le THS en question », p. 61-62, à propos du livre de Martine Pérez, *Ce que les femmes doivent savoir, traitement hormonal substitutif : la fin d'un mythe*, *op. cit.*

2. Les hormones de synthèse fabriquées artificiellement seraient nocives, les naturelles, issues d'hormones naturelles au départ, et donc plus proches de celles sécrétées par les ovaires, ne le seraient pas.

3. *Science et Avenir, ibidem.*

4. La DHEA est aussi une hormone mais qui n'a rien à voir avec le THS, traitement de la ménopause. Un dénominateur commun, cependant, dans la finalité, pour les hommes cette fois comme pour les femmes : elle est censée ralentir le vieillissement chez les personnes déjà mûres. Cela dit, le traitement reste encore expérimental et les résultats, mitigés. On entend parler désormais d'un effet placebo...

5. *Science et Avenir, ibidem.*

Désormais, prudence, on s'en doute. Alors le THS ? Pour reprendre les propos de Martine Pérez, il n'empêche pas le vieillissement (ni de la peau, ni de rien, soyons conscientes) et n'améliore pas la qualité de vie. L'exercice physique fait quasiment autant de bien. C'est de loin cependant le plus efficace contre les bouffées de chaleur, la sueur nocturne et la sécheresse vaginale, contre en fait les symptômes physiologiques de cette « maladie » naturelle. Il prévient de plus l'ostéoporose pour les femmes qui sont à risque. De ce point de vue, il n'est pas remis en question...

L'or de l'hormone trouvé dans l'urine de jument a-t-il pour autant cessé de couler ? C'est méconnaître la ténacité du genre humain ! Très tendance, l'alternative au THS, les phyto-œstrogènes, compléments alimentaires dérivés du soja envahissent le marché. Mais, comme le rappelle l'Agence française de sécurité sanitaire des aliments (AFSA), ils n'ont pas fait preuve jusqu'à présent de leur innocuité... À quand les effets secondaires ?

CHAPITRE 6

Philtres d'amour et gymnastique

Alors, que nous reste-il ? Nous y voilà ! Compte tenu de la situation, et bien que ce ne soit pas du tout l'objectif de ce livre, il m'a semblé devoir vous réconforter par quelques menues thérapies trouvées au hasard de mes lectures. Dans la série, j'ai testé pour vous :

Première prescription, faire l'amour, encore et toujours !

D'emblée, vous dire que la meilleure thérapie contre bien des inconvénients de la ménopause, c'est, vous vous en doutiez, faire l'amour, et ce, le plus souvent possible ! En début de ménopause, une poussée de libido exceptionnelle est là pour nous booster ! Alors, profitons de cette lancée naturelle ! D'autant qu'à cinquante ans, on est plutôt épanouie, non ? Si tel n'est pas encore le cas, il n'est jamais trop tard, c'est tout bénef. On s'assouplit (très important comme complément à la gym quotidienne !), on travaille son cœur (dans les deux sens du terme), on se sent femme, désirable et désirée, on a bonne mine (ça rajeunit), on est de bonne humeur, on ne déprime pas. Enfin, si vous êtes rassurée sur la fiabilité et la fidélité de votre partenaire, il vous offrira volontiers quelques dosettes d'hormones à chacune de ses jouissances. Du 100 % naturel et mieux que les hormones de synthèse, non ?

Deuxième prescription, un grand bol de sauge : l'œstrogène végétal !

Si vous aimez les tisanes, prenez une grande tasse de sauge au coucher contre les bouffées de chaleur, ça marche au top ! Herbe sacrée des Romains, elle possède de nombreuses propriétés, notamment une action hormonale de type œstrogénique, ainsi que des actions antispasmodiques, toniques et stimulantes... Vous pourrez en offrir après le dîner à vos amants. Complaisants, ils partageront la tisane avec vous, non sans vous avoir posé, un peu méfiants tout de même, la question que vous attendez :

– C'est quoi comme tisane ?

– Oh, ça ? De la sauge, c'est super pour digérer.

À tous les coups, ils répondront :

– Ah tant mieux ! J'en ai besoin.

Troisième prescription, du phytosoja en dosette de crème vaginale

La sécheresse vaginale, pas cool, ça ! Recette de copines, dont des médecins, à demander au pharmacien : du phytosoja, en dosette de crème vaginale. Paraît que ça marche très bien. Les effets secondaires ? Inconnus jusqu'alors. En tout cas, ça peut aider aux effets premiers...

Quatrième prescription, ginseng pour Madame, mouche espagnole pour Monsieur !

Reconnu depuis toujours, le ginseng s'avère très efficace au cours de la ménopause. Anti-fatigue, anti-stress, rééquilibrant sur le plan neuro-hormonal, revitalisant pour tout l'organisme. Compte tenu que votre poussée de libido, une fois stimulée, risque de se poursuivre (« l'appétit vient en mangeant »), encore faut-il que votre vieux mari ou votre vieil amant soit d'attaque ! Dans ce cas, un peu de stratégie s'impose : pour ce faire, quelques aphrodisiaques choisis pour leur renommée, qu'on trouve ici ou là en herboristerie, à placer avant, dans et après le repas[1] :

* **De la mandragore.** Utilisée par les « sorcières » au Moyen Âge, elle est, paraît-il, un puissant philtre d'amour... Sa racine contient en effet de puissants alcaloïdes, stimulants érotiques et sensuels qui lèvent les inhibitions. Ça, plus la poussée de libido, ça promet !

* **De la poudre de cantharide.** Cette mouche espagnole (en fait de la famille des coléoptères), est très disponible pour son mâle, d'après les souvenirs entomologiques de Fabre. Vous pourrez la « cueillir » dans le midi, notamment, sur les troènes, lilas, frênes... Tellement réputée qu'elle était chez les romains l'ingrédient indispensable à toute orgie. Attention cependant à bien doser, sinon, le vieux mari ou l'amant ne se relèveront plus !

* **De l'ail.** Partout. Ça repousse les vampires mais ça rapproche les amants. Et en croquant un grain de café juste après, vous serez prête aux baisers.

---

1. D'après le Dr Nguyen Ngoc-Rao, *Les plantes et l'amour* (http://www.asiaflash.com/astro-sexe/Philtres.php?topic=1).

- **Du céleri.** En infusion, en graine... à vous de voir. En tout cas, on l'appelle « le légume lubrique ou viril », c'est dire ! Madame de Pompadour ou Casanova en consommaient beaucoup, ça allège !

- **Du romarin.** Symbole de renaissance, il est recommandé les soirs de grande fatigue (pour remettre ça, évidemment !). Paraît qu'il aide à ressusciter les ardeurs des dames mûres et des messieurs défaillants.

- **De la vanille.** Plus exotique, c'est tendance, en infusion le soir ou en vin, elle vous rendra infatigable !

- **Du chocolat.** Pas besoin de vous tartiner trois lignes sur le sujet, vous connaissez. Songez tout de même que chez les Aztèques, l'empereur Moctézuma en buvait jusqu'à cinquante tasses par jour la veille d'aller visiter son harem. Quel programme, hein ?

- **De la cannelle.** À saupoudrer partout, on la surnomme « graine de paradis ». Pour vos cinquante ans, le septième ciel au moins s'impose !

Et encore du **gingembre**, de la **coriandre**, du **poivre**, du **curcuma**... Bon appétit !

Ultime prescription

Elle ne coûte rien, elle est juste une affaire entre vous et vous : accepter de vieillir, de toute façon personne n'y coupe. De l'amour, de l'amour, de l'amour, et beaucoup d'humour, s'écouter pour savoir ce que le corps réclame, bien dormir, éviter la clope, l'alcool, les bouffes trop riches, faire de l'exercice physique, développer sa créativité, cultiver son esprit critique, consolider sa liberté, s'ouvrir à soi, aux autres, à la vie, encore plus, le temps est compté, ne nous leurrons pas. Même si on sent toujours l'éternité devant soi...

PARTIE II

Marketing et jeunesse éternelle

CHAPITRE 7.

Les cris du cœur
d'une ménagère de (plus)
de cinquante ans

De la réclame à la communication...

Mais que pense de la publicité notre ménagère de (plus) de cinquante ans ? Pas n'importe quelle publicité, celle qui s'adresse aux femmes, et plus spécialement aux femmes de cinquante ans. Attention, elle n'est pas dupe, Martine, la pub, elle connaît. Quinze ans qu'elle a travaillé dans une agence comme chef de fab, jusqu'à ce qu'on la pousse gentiment vers la sortie dès qu'on a remarqué qu'elle avait quarante ans. Maintenant, repos, elle a intégré la fonction publique. Notez qu'elle stresse encore, la com avec les politiques, faut s'accrocher. Mais au moins, elle a ses 35 heures (sur le papier s'entend !).

« Qu'on ne perde pas de vue ceci : le seul objectif de la publicité, c'est que nous achetions. Ce qu'elle sème, elle s'en fiche, nous ne valons que ce que nous dépensons. C'est le seul critère de considération qu'elle nous accorde, et ce, quels que soient notre âge, notre sexe et nos particularités. Oui, je sais, le constat est mercantile, mais il faut s'y faire et ça ne date pas d'aujourd'hui ! En France, elle est notre aînée de quelques années seulement. Et de la niaise réclame qu'elle était après-guerre, elle a su changer de nom. Aujourd'hui, ça fait plus pro, elle se fait appeler "communication". Mais ne nous y trompons pas ! Ses intentions n'ont pas changé, exactement les mêmes qu'avant, et elle est d'ailleurs en pleine forme, elle. Elle a su vieillir sans prendre une seule ride ! Et ne cesse ni de séduire ni d'éblouir... »

Souvenirs publicitaires

« Quand j'avais 10 ans, au début des années soixante, la réclame parlait à maman, je crois. Elle prenait même des couleurs dans *Paris-Match*. Elle vendait aussi, bien entendu, des voitures pour papa, mais disons qu'elle était faite surtout pour expliquer à maman comment fonctionnait une cocotte-minute, comment un robot ménager pouvait remplacer un épluche-légumes, et pourquoi il fallait acheter un aspirateur parce qu'utiliser un balai, ce n'était pas propre (ça devait être drôlement sale chez nous).

Quand j'étais ado, puis étudiante, dans les années soixante-dix, la publicité me saoulait carrément. Maman avait pile cinquante ans et elle faisait réunions Tupperware sur réunions Tupperware dans tout le quartier. La publicité est trop sympa ! Elle a sorti maman de sa cuisine pour en faire une sorte de femme d'affaires en jupons. Tout ça pour des récipients en plastique affreux, le tout sous des couvercles souples, je vous jure. Mais c'était tellement pratique, et moderne et tout, n'est-ce pas ? Qui n'avait pas son Tupperware était ringarde !

Quand j'avais vingt, vingt-cinq ans, à peine plus tard, je ne me souviens de rien de précis, sinon que la publicité, c'était toujours pour des lessives. Je crois que la pub prenait vraiment maman pour une gourde. Le cadeau Bonux s'était essoufflé, à la place il fallait trouver des enzymes gloutons. Bref, c'était devenu une pagaille infâme que de savoir comment laver son linge sale en famille. Faut dire aussi qu'en ce temps-là, il y avait une vraie vedette : la mère Denis ! Celle-là, elle faisait tellement son âge qu'elle ne le faisait plus. En gros, elle avait cinquante ans et elle savait juste dire : "Ah ben c'est bien vrai ça !" Aujourd'hui, des modèles pareils, on n'en voit plus !

Il a suffi de trente ans pour que les cinquante ans de maman soient devenus les miens. Au regard de la publicité, les miens en 2005 sont bien différents de ce qu'ils étaient pour maman en 1975. Le concept des lessiviers a quitté la scène média-tique. Quant à la ménagère de cinquante ans, Moulinex et le rendement de la casserole l'ont tirée de sa cuisine. On l'a ins-trumentée, modernisée, instrumentalisée. La publicité ayant su tenir ce discours que la ménagère de cinquante ans pou-vait s'affranchir des tâches domestiques. On a encore su la flatter en la qualifiant soudain de ménagère de moins de cin-quante ans. Et si d'un point de vue publicitaire cette femme-là se montre intéressante, c'est dans la seule mesure où c'est bien elle qui dépense l'argent du ménage. Il ne faut pas per-dre de vue que la publicité ne veut pas parler à cette femme mais à l'intendante qu'elle représente, et juste à hauteur de ce que son marché peut lui coûter.

La ménagère de cinquante ans a donc vécu. Incontournable référence publicitaire durant cinq décennies, elle n'est plus qu'une formule des écoles de marketing. La publicité ne la traite plus en niaise ingénue, mais en ingénieuse. L'essor de l'électroménager en avait fait un pilote culinaire, on la soup-çonne maintenant de savoir réfléchir. Plus question désormais de traiter cette femme à la légère car elle pourrait s'en rendre compte. On a trouvé la solution : on ne la traite plus ! »

CHAPITRE 8.

Web. Petits préjugés sur un label périmé...

Le web est un miroir fabuleux. Cinquante-trois pages que j'ai exactement épluchées pour trouver trace de la ménagère de cinquante ans. Quasi *exit !* Pourtant, elle est toujours présente dans les stratégies marketing, ménagères de moins cinquante ou plus cinquante étant un vieux référent publicitaire. Sauf qu'aujourd'hui, on ne cite plus que la jeunette. C'est elle la chouchoute, et on la retrouve à toutes les sauces, du Mali au Portugal en passant par ici, toujours ciblée pour des produits de masse, des meubles Ikea aux sitcoms de TFI suivis par toute la planète.

Encore un ravage de la mondialisation, dirait José Bové ! N'empêche, sur toutes ces pages où je cherchais vainement notre ménagère de cinquante ans, je n'ai retrouvé l'expression que sur quelques blogs et critiques diverses, généralement affublée du « plus » cinquante. Employée par les moins de trente ans la plupart du temps, vous y retrouverez tous les poncifs affublés à cet âge quasi mythique de cinquante ans.

Blog, 31 mars 2005

« [...] Je reviens d'une escapade toulousaine. Enfin, escapade, je me suis amusée moyen hein, c'était pour le taf [...]. J'ai débarqué dans la ville rose mardi soir, vers 22 heures À vivre comme une ménagère de cinquante ans, *j'avais oublié ce qu'est un quartier de gare de grande ville la nuit tombée : craignos ! ... »*

(http://oxonium.canalblog.com/
archives/2005/03/31, p. 1)

Blog, 14 novembre 2003

« [...] Que faire d'autre ? Je veux vivre d'émotions, me nourrir d'amour et d'eau fraîche, de création, de beauté ; je veux arrêter de pleurer, j'aimerais finir cette maîtrise en un mois pour revivre. Je suis une ménagère de plus de cinquante ans dépressive, *et quand je ne le suis pas, je suis cette petite fille qui avait peur du noir... »*

(http://elixir.auxine.com/
archives/03/1103.htm, p. 4)

Atelier d'écriture à l'IUFM[1]

« Le bus, le 104, deux collégiennes. L'une avec collants [...] Deux femmes, double landau, poussette et un quatrième pas beaucoup plus grand qui s'accroche à la poussette comme une bouée de sauvetage. Ah ! La ménagère de plus ou moins cinquante ans avec son cabas à roulettes ! *... »*

(http://www.carrefour-des-ecritures.net/
creteil/T06aLENAIC.html, p. 1)

---

1. Institut universitaire de formation des maîtres. Nos futurs profs, quoi !

À propos du hip-hop indépendant, un artiste répond à une interview

« [...] Quand tu regardes même dans le premier album, on a fait trois clips, dont « Week-end à Mada » qui est passé sur le net, tout un public tout qualifié, dans le délire underground justement ! Après y'a eu « Vas-y colle » qu'était plus hip-hop mais on a aussi fait [...] qui s'adressait autant à la ménagère de cinquante ans *qu'aux jeunes de 15 ans, tu vois ? ... »*

(http://xphases.levillage.org/
octobreinterview.html, p. 2)

À propos d'un morceau de zik genre métal[1]

« Slust of trust : c'est pas parce que le métal fait autant chavirer le cœur de la ménagère de cinquante ans *(plutôt « a fait chaviré » quand elle en avait trente de moins) que son andouille de fils, qu'il ne restait pas quelques résistances à ce mode de vie sanguinolent ! ... »*

(http://hautvol.propagande.org/
PagesHV/SlustOfTrust.htm, p. 1)

Cette fois, sur des analyses de chansons de Renaud

« Banlieue rouge est une honnête chanson d'introduction d'album qui commence malheureusement à sentir un peu le réchauffé. L'optique choisie est cependant originale : la ménagère de plus de cinquante ans, veuve et isolée dans l'immensité de l'indifférence générale... *»*

(http://www.isenguerre.com/Renaud/
retour_g_lambert.htm, p. 1)

---

1. Notez le vocabulaire, faut faire jeune !

Une critique télé d'un spectateur, du 17 janvier 2005

« L'émission de dimanche soir a été décevante, lente, gonflée de bons sentiments larmoyants *(aussi dynamique qu'une ménagère de plus de cinquante ans, en robe de chambre et qui en plus traînerait les pieds)...* »

(http://forums.france2.fr/message/ ?forumid=99094944&sujetid=20717..., p. 1)

Blog, 12 janvier 2005

"Difficile de devenir une star de nos jours [...] Puisque le plan cul ne semble pas pouvoir marcher, trop de monde sur le coup, usé jusqu'à la corde, et plus vraiment intéressant, il me reste toujours le sensationnel doublé d'une dose infinitésimale de misérabilisme *pour exciter la cellulite de la ménagère de plus de cinquante ans...* »

(http://www.eretzvaju.org/, p. 3)

Interview[1]

« [...] l'objectif dans les deux cas est de faire un lieu qui concerne toute la population française, et pas seulement les anciens déportés ou les anciens immigrés ; *il faut pouvoir cibler à la fois les chercheurs, les adolescents, et "la ménagère de plus de cinquante ans".* »

(http://www.histoire-immigration.fr/ index.php?Ig=fr&nav =105&flash =0, p. 1)

---

1. Sabine Zeitoun répond à une interview à propos du Centre d'histoire de la résistance et de la déportation qu'elle a dirigé (à Lyon) de février 1990 à fin 2001.

Présentation du film *Amours suspectes* sur le site de Canal +, 8 avril 2005

« *Une ménagère de cinquante ans, enveloppée et blasée,* s'associe au secrétaire particulier d'une star assassinée, dont elle est le fan, pour démasquer son meurtrier... »

(http://www.canalreunion.com/programmes/zoom/ cinema/avril2005/autresfilms/amour..., p. 1)

Journal web d'une bande de musiciens, édito, 21 juin 2000

« Depuis plusieurs mois quelques idéalistes communiquent par internet, ce moyen tellement médiatique et qui fait peur *à la ménagère de cinquante ans du panel de TF1...* »

(http://www.totoweb.org/Groupe/ CITB/CITB.htm, p. 1)

Ils récidivent, à propos de l'Eurovision 2000

« Avez-vous regardé ne serait-ce qu'un peu, le concours de l'Eurovision ? [...] Toujours est-il que ce n'est pas là que s'écrit l'histoire de la musique. Mais *la ménagère de plus de cinquante ans exulte devant son téléviseur* car le même jour elle a pu voir *Les feux de l'amour, Derrick,* questions pour un champion et le concours de l'Eurovision... »

(http://www.totoweb.org/Interview/ Eurovision.htm, p. 1)

CHAPITRE 9.

Justes bonnes à vendre
des conventions d'obsèques !

Les vieux sont des sages...

Martine, ce qui la fait craquer parfois, c'est que sous prétexte qu'on a dépassé cinquante ans, la pub qui lui est
adressée lui parle mine de rien comme si elle était une
sénile profonde :

« Depuis le temps qu'elle nous cause, la publicité se doute
bien que sa cible est vieillissante, mais ça ne l'empêche pas de
vouloir toujours nous rendre jeunes. Quand on sait de surcroît
que la population des actifs de cinquante à cinquante-neuf
ans est comparable à celle des vingt-cinq, quarante-neuf ans,
nous pouvons être convaincus que nous sommes une cible à
ne surtout pas négliger ! Dès lors, les annonceurs comprennent qu'ils ne peuvent plus nous traiter en "ménagères".

En effet, passer dix minutes à faire bouillir de l'eau, simplement pour commencer à faire cuire des pâtes, nous n'y
sommes plus totalement disposées. Je dis aujourd'hui aux
annonceurs publicitaires : puisque mon temps est précieux, je
préfère nettement perdre le vôtre ! Ils l'entendent si bien

© Eyrolles

qu'ils commencent à faire mine de nous parler directement. Mais bigre, qu'est-ce qu'ils sont maladroits ! Les cinquantenaires à l'affiche sont (comme on dit poliment) réservés aux messages de prévoyance ! Un vieux mythe encore à l'origine, exploité par les secteurs de la communication. L'inconscient collectif considère les vieux comme des sages, allons-y ! Collons de la sagesse partout où l'on se doit d'être convenable quand on parle d'âge mûr. Le processus est si politiquement correct que l'affaire cultive admirablement le tabou du vieillissement. Sachez-le bien, Mesdames, si la figuration publicitaire vous tente, n'attendez pas d'autre rôle que celui d'imager des contrats d'assurances-vie, des campagnes contre le cancer du sein, des conventions obsèques ou des nettoyeurs à dentiers. Oui, oui, Mesdames, aux yeux de la pub, notre âge sent le sapin !»

Aveugles et sourds !

« Le vieillissement qui m'interpelle ne renverse en rien le sentiment que j'ai d'encore me sentir jeune de corps et d'esprit. Seul mon miroir est devenu plus cruel sur le regard que je me porte aujourd'hui. Ce sont les travers de ce regard-là qui comptent dans le reflet publicitaire. Comme la plupart des femmes de mon âge, j'ai besoin de lunettes pour lire de près ou de loin. Il me semble également entendre un peu moins bien qu'avant la première crise du pétrole de 1974. Heureusement, la belle et innocente indulgence de la publicité tient compte de mes altérations sensorielles. Les prospectus du marketing direct m'écrivent en très gros "GRATUIT OFFRE EXCEPTIONNELLE, vous avez gagné, chère Madame", etc. et en tout petit "si votre numéro est tiré au sort uniquement"... Notez avec moi au passage que si l'on nous écrit en lettres plus visibles et qu'on nous parle plus fort qu'il y a trente ans, on nous savonne toujours autant la planche acheteuse en nous traitant flatteusement de gourdes !

Le vieillissement qui me concerne ne livre pas d'excuses à mes rondeurs : d'une masse musculaire nettement inférieure à celle d'un homme, je suis physiologiquement destinée à prendre davantage de tissus adipeux que le moindre mâle du quartier. Je peux manger n'importe quoi, preuve en est : les femmes de la publicité sont filiformes tout en se gavant de crèmes glacées. Dans le cas où je prendrais cependant un gramme de trop, rien de grave ; il se trouve un produit amincissant au verso de la pub pour crèmes glacées, à moins que ça ne soit quelques pages plus loin. J'affirme que le paradoxe de la maigrichonne bouffeuse est une hypocrisie publicitaire qui me signifie très fortement, à moi et à mes copines, que nous avons toutes raté nos choix de consommatrices. Et ma balance de relayer sans faillir cette logique marketing qui fait enfler ma honte plus grassement que mes kilos ! »

CHAPITRE 10.

Si vous devenez vieille et laide, à qui la faute ?

Assistance à personne à danger !

Cinquante ans, les rides, la cellulite, la ménopause, on a compris ! Alors, soyons justes pour une fois et remercions tous ceux qui veulent bien réparer ce que la nature nous retire. D'une pub dans un magazine ou d'une pharmacie à l'autre, les produits rien que pour nous, compléments nutritionnels et cosmétiques, ne cessent d'augmenter ! Ils sont même beaucoup moins discrets ces derniers six mois, occupant souvent une page entière, voire une double de magazine. C'est un progrès qui nous met enfin en valeur : ils parlent principalement de nos rides, du relâchement du corps, des bouffées de chaleur, de la sécheresse vaginale, de nos troubles urinaires bénins, et bien sûr de nos nerfs à soigner, légendaires. Mais vous finissez par connaître la chanson…

À la pharmacie, ces produits, généralement blancs et roses, voire bleu pâle, toujours couleur gynécée limite clinique de luxe privée, sont plutôt placés confidentiellement, sous la rubrique discrète « Équilibre féminin » (touchant, non ?) tout près de la caisse, et donc du pharmacien, sur un coin d'étagère bien garni (vu tout ce qui sort, le coin va devenir trois pans de murs entiers !) ou bien devant, légèrement masqués par des produits bénins, shampoings, crèmes pour les mains, savons ou préservatifs.

Ce que racontent les petits dépliants ? Toujours la même chose, si nous devenons vieilles, et donc laides, la nature n'a rien à voir là-dedans, nous sommes les seules responsables, et bla-bla et bla-bla. Regardez comme crèmes, gélules, cure de beauté ou chirurgie esthétique veulent nous venir en aide ! Et on n'agit pas après tout ça ? Tenez, Martine, par exemple, ça la rend dingue :

« Un matin où j'avais mal à la tête, je me suis rendue à la pharmacie pour un dolipran, un efferalgan ou une vitamine C. Sitôt sur place, et tandis que j'attends mon tour, je me remarque cernée d'affiches vantant les bienfaits de toutes sortes de produits miracles et autres poudres de perlimpinpin à grands renforts de filles nues (évidemment). Je regarde un peu, et ça me désole. Les filles sont impeccables, élancées, heureuses, lisses et appétissantes. Et ... les affiches me disent qu'elles se soignent ! L'une se tartine un anti-capiton, l'autre un antirides, une autre encore s'avale un cacheton. C'est vite vu de débusquer qu'elles n'ont pas le profil à avoir besoin de s'améliorer, étant donné que physiquement il n'y a rien à jeter. Mais c'est ainsi. Est-ce que je ne comprends rien aux campagnes publicitaires des produits parapharmaceutiques ou dois-je saisir que les filles à l'affiche sont parfaites, précisément parce qu'elles se soignent ? J'aurais pourtant juré qu'on se soignait seulement quand on était malade ! Toujours est-il que, soignée ou pas, j'ai beau vouloir me leurrer, je ne ressemble pas à ces femmes auxquelles on voudrait que je m'identifie, ces femmes jeunes, belles et tellement idéales ! Vous me direz que j'ai tort de me sentir concernée. Eh bien non, je suis sûre que moi et mes cinquante ans on est concernés ! Pour preuve, les produits anti-âge et les pilules anti-symptômes du demi-siè-cle, ils me visent tous ! Je colle exactement au terrain, c'est tout moi, sauf sur l'affiche. Et c'est bien ça qui me met la haine : la représentation volontairement faussée, l'image hypocrite qui me reflète. Je comprends tout de suite que ma silhouette, mon corps ne sont pas montrables comme celui de ces filles-là. J'ai beau me raisonner, je me fais chaque fois dis-crète en sortant de la pharmacie ; et si personne ne me voit plus, je ne devrais surtout pas m'en plaindre ! Vous ne trouvez pas ça cocasse, vous, que l'officine chargée de me soigner commence d'abord par me rendre malade ?

Rien d'étonnant au fond. Rendre malade est un précepte publicitaire, exprès pour vous rendre dépendante. C'est sour-nois, mais puisque le genre fonctionne bien, ils auraient tort de s'en priver ! Tenez, démonstration par les Oméga 3. Vous connaissez les Omega 3 ? J'ai reçu une brochure l'autre jour, produits Oenobiol. Ça s'intitule « Bien-être et beauté », avec en couverture une Mireille Darc toujours éblouissante. Les généralités à l'emporte-pièce demeurent, ça finit par me lasser, moi, ce discours : *"Au moment de la ménopause, anxiété et irritabilité viennent perturber la vie d'une majorité de femmes* (et toc !). *Ces manifestations peuvent être préve-nues par une alimentation riche en Oméga 3* (ben voyons !)." Plus loin : *"Les bienfaits de l'équilibre émotionnel : le succès rencontré par OM3 dans la lutte contre le stress, une meilleure gestion de l'anxiété et une relation aux autres plus fluides"* Vous avez remarqué ? Même discours que le docteur Wilson, ce n'est pas marrant, ça, cinquante ans après ? »

Le geste qui sauve : banquer !

« Ca m'interpelle, moi, les Oméga 3. Paraît qu'on en manque. Ben oui, c'est comme ça, les spécialistes de la nutrition, ils ne vous connaissent même pas mais ils savent mieux que vous de quoi vous manquez. C'est fort, non ? Et pour être sûr que vous allez les entendre, la publicité vous prédit ce qui va arriver à votre corps si vous ne les écoutez pas ! Bigre, ça fait peur ! Et cinquante ans de négligence, ça fait sûrement mal à l'intérieur, même si pour l'instant aucun signe visible ne s'est encore manifesté... Bon, ils rassurent un peu tout de même : votre état est sérieux mais pas désespéré, c'est la pub qui vous le dit ; elle a convoqué des spécialistes pour ça. Elle vous l'assure, vous pouvez encore être sauvée ! Donc voilà, je récapitule : vous souffrez de graves carences en Omega 3 (si, si, puisqu'on vous le dit), il faut réagir d'urgence et vous octroyer vous-même le geste qui sauve. Il est très facile, le geste qui sauve, il consiste à mettre la main au porte-monnaie. Après, vous pourrez aller mieux, à votre insu ou contre votre gré, comme vous préférez, ça n'a pas d'importance non plus. Il faut juste veiller à ne pas rechuter, et ce sera parfait. Ah oui ! Parce que je ne vous l'ai pas dit ? Les Omega 3, c'est traitement à vie ! On n'est jamais trop prudent, n'est-ce pas ? Bien sûr, même traitement avec la crème de jour pour vos vieilles joues, le botox pour votre front qui plisse, le cachou pour votre haleine, le fard pour votre regard et la Saint-Yorre pour vos canalisations...

En parlant ici d'Omega 3, je mets volontairement l'accent sur un produit dont la publicité est interdite en France dans le registre médicamenteux. Mon exemple pourrait d'ailleurs s'appliquer à n'importe quoi ! Un dentifrice ferait aussi l'affaire, ou une eau minérale, voire une voiture... C'est qu'on est sensible et fragile, nous, quand on est ménopausée, alors faut apprendre à lire la langue de l'ennemi, sinon, on devient vite ruinée ! »

Vous n'avez plus une seconde à perdre !

Tout est fait pour que nous nous sentions coupables de ne pas tordre le cou à ce foutu temps qui nous grignote. Du discours moralisateur à l'injonction qui nous bouscule, démonstration de quelques textes publicitaires collectés dans des magazines féminins, de janvier à juillet 2005[1] :

- Crème anti-vergetures : « *Pendant que vous perdiez du temps à hésiter, d'autres perdaient dix ans.* » Suit l'énumération de tous les bienfaits et, en clôture, en boucle et en gras : « *Et vous, qu'attendez-vous pour perdre dix ans ?* » (Produit exclusif Séphora).

- Crème antirides : « *Pas une seconde à perdre ! Lissez, rajeunissez en un instant !* » (Gemey).

- Crème lifting : « *Retendez votre peau à l'extrême.* » (L'Oréal).

- Le lait (calcium = ostéoporose…) : « *L'anti-âge par Lactel… Rester en forme, belle et bien dans sa peau, garder une silhouette harmonieuse, on y pense toutes ! Commençons par agir en profondeur, grâce à une alimentation adaptée…* » Ou bien encore, pour le lait Candia cette fois (toujours assortie, la pub, d'une photo de femme de cinquante ans, belle et rieuse) : « *Bien vivre ? C'est simple comme le lait ! Être bien et vouloir le rester, c'est aussi un choix…* »

- Gel anti-âge : « *Faites confiance à la nature, et luttez contre les effets de l'âge…* » (Gel Artro Silium).

Enfin, la pub qui m'a mise hors de moi cet hiver, « vu à la télé » et dans les magazines, déclinée sur le même thème : celui de l'amour servi par une crème anti-âge Roc : une belle femme, radieuse, les cheveux longs, symbole de féminité, de pouvoir (fécondité), en noir et blanc (les photos en noir et blanc dans la pub, c'est souvent pour les femmes de cinquante ans… à croire qu'on a vécu à l'âge de Nicéphore Niepce !). Le visage penché en confidence, les bras repliés l'un sur l'autre (secret, intimité…), elle nous

---

1. En six mois, le nombre de pubs pour les femmes mûres semble avoir quasi doublé !

confie : «*J'ai cinquante-cinq ans... et je viens de tomber amoureuse.*» Les points de suspension en disent long sur le discours sous-jacent particulièrement odieux. Ce discours est encore plus clair à la télé quand elle s'exclamait en décembre 2004 : «*Je n'aurais jamais cru que je pouvais tomber amoureuse à cinquante-cinq ans.*» Ainsi, passé quarante-neuf, plus d'amour possible ? Si ! Parce que grâce à la crème anti-âge, il est précisé qu'elle en paraît dix de moins... Cruel, et pas gratuit ! Ce discours traduit toute la violence sous-jacente faite à la femme qui a passé l'âge d'avoir des enfants. Il mélange le désir et l'amour, qui n'ont pas d'âge, et la fécondité. Il véhicule avec lui des siècles de croyances. La déclinaison de cette pub pour un autre produit Roc (refaçonner l'ovale du visage) n'est pas plus *soft*, même s'il peut y paraître : toujours en noir et blanc, une autre femme, belle mais moins classe, radieuse, douce, les cheveux mi-longs cette fois. Elle effleure d'une main l'ovale de son menton et dit : «*Il m'a reconnue tout de suite.*» Grâce à la crème, le temps n'a fait aucun ravage sur elle. Elle n'a pas changé, on peut imaginer qu'ainsi conservée intacte, le désir de l'homme pour cette femme n'a pas subi une ride ! Le temps n'existe pas. Le désir, moteur de la vie est sauf !

Cartilage de requin et lait de jument... La nature a bon dos !

Il se peut que le paraben et autres ingrédients contenus dans les crèmes commencent à vous inquiéter, pas d'affolement, rien n'est perdu ! La nature est une source inépuisable d'antidotes quand on commence à douter, de soi, de la science, de la mondialisation, et *tutti quanti*... Elle n'en finit pas de stimuler les imaginaires. Tout est bon à prendre du moment que ça peut rapporter, un peu, beaucoup, à la folie. Au nom du naturel qui fait fureur, souvent non sans

raison, au nom des traditions, combien foncent, esprit critique en berne, pour soulager leur mal-être, leurs interrogations, et ici... leurs articulations !

Si la science, et la médecine traditionnelle, l'allopathie, font
douter parfois, le vocabulaire scientifique, médical compris,
paradoxalement appliqué à n'importe quelle sauce, rassure.
Ainsi, pour vous faire un peu d'argent de poche, voire une
fortune, trouvez quelque chose à vendre, n'importe quoi, du
moment que vous affirmez que c'est bon pour le corps, pour
l'âme ou pour les deux. Ensuite, c'est fondamental, émaillez
votre argumentaire de vente de quelques termes médicaux,
ou pseudo-scientifiques, tels les basiques « scientifiquement
prouvé », « d'après nos recherches », « vertus thérapeutiques »,
« institut machin », « molécule », « spécialiste », « formule »...
Avec cinq cent mille femmes françaises ménopausées chaque
année et ces millions de personnes de plus de soixante ans,
donc tous ces malades qui s'ignorent, quel marché !

Je vous ai sélectionné deux cures de jouvence (on aurait pu
faire plus, mais vous tiendriez une encyclopédie entre les
mains).

Le cartilage de requin. Rappelez-vous, la première prescription, faire l'amour, souvent. Pour cela, un minimum de sou-
plesse s'impose. Si vos articulations sont usées et si elles se
bloquent (imaginez le tableau), n'hésitez pas, la solution est
là, venue en première mondiale des États-Unis, importée
par un professeur, spécialiste américain du cartilage de
requin : « *Si vous souffrez d'arthrose, de rhumatismes, si vos
articulations sont usées et se bloquent, [...] découvrez comment le cartilage de requin va vous faire changer de vie.
[...]. La cinquantaine passée* (tiens, tiens !) *de plus en plus de
personnes souffrent des articulations. Dans 99 % des cas,
c'est l'usure de vos cartilages qui est responsable de ces douleurs et qui provoque rhumatisme, arthrose, arthrites [...]
Jusqu'à présent, vous n'aviez que deux solutions [...] : vous*

"bourrer" de médicaments anti-inflammatoires et corticoï-des [...] aux effets secondaires néfastes [...] et qui ne font que soulager temporairement vos douleurs [...] ou une interven-tion chirurgicale [...] vous savez mieux que personne ce qu'opération veut dire... [...] Pour la première fois au monde un produit fait disparaître vos douleurs mais sur-tout... reconstruit et régénère vos cartilages abîmés. *Ce pro-duit 100 % naturel et sans effet secondaire, c'est le cartilage de requin.»* Sachant que tout fout le camp à cinquante ans, ça vaut le coup d'essayer, non ? Quatre pages couleurs d'argumentations et un essai gratuit de trente jours.

Le lait de jument. Décidément, qu'est-ce qu'ils nous font galoper ! *« L'espérance de vie ne cesse de progresser et les femmes comme les hommes vivent plus longtemps, mais aucun d'entre eux ne souhaite devenir vieux. Les produits cosmétiques, malgré leurs allégations commerciales, ne peu-vent à eux seuls combattre les effets anti-âge. Cependant, il est possible d'améliorer et de conserver la beauté de sa peau par des techniques simples. Ainsi, une alimentation diversi-fiée [...] Le lait de jument [...] n'est pas un élément banal, c'est un aliment naturel au sens le plus fort du terme, c'est-à-dire donné par la nature et non produit par la culture. Son image symbolise la pureté, la douceur et le naturel. Il est un élément essentiel de régénérescence, qui contribue au développement rapide des cellules... »* Vous imaginez cette pureté, cette douceur, ce naturel circuler en vous à chaque gélule, et votre peau se métamorphoser elle aussi, comme au premier jour de votre naissance, à chaque application de crèmes à base de lait de jument ? Trop tentant !

Et la cure en eau thermale ? L'ostéoporose touche 30 % des femmes françaises à partir de soixante ans, 50 % à partir de soixante-dix ans, comme vous l'avez lu plus haut. Cela dit, tout dans la nature est appelé à dégénérer et à périr, hélas ! Ce qui est drôle (voire gênant), c'est le scénario catastrophe mis en œuvre au début du mailing de ce très sérieux centre de cure thermal (Évian, pour ne pas le nommer) : « *Le vieillissement prévisible de la population laisse prévoir une explosion du nombre des fractures ostéoporotiques pour le xxie siècle... [...]. À partir de cinquante ans, surtout chez la femme, il existe une perte osseuse, l'os devient moins dense, c'est ce qu'on appelle l'ostéoporose...* » Allons vite plonger dans l'eau miraculeuse ! C'est pire que la bombe atomique cette affaire-là !

Conclusion ? Pourquoi oublier les vieux préceptes de nos dix-huit ans ? Si vous devez choisir, faites l'amour, pas la cure !

CHAPITRE 11

Les petits dessous de luxe de Martine

85 B et deux grossesses

Pour vous, rien que pour vous, Martine se dévoile !

« Les lois du marché n'ont qu'une seule problématique : le retour sur investissement. Vous comprendrez donc pourquoi la publicité s'intéresse à la rentabilité plutôt qu'à la juste représentativité du monde. Nous les femmes de cinquante ans, on a beau être nombreuses hors papier glacé, nous sommes singulièrement absentes de la publicité, comme vous le savez. Tout en y étant bel(les) et bien présentes ! Un tel tour de passe-passe, quelle habileté ! Eh oui ! Pour nous toucher, nous convaincre, la publicité doit nous permettre de nous identifier à un modèle, même si c'est loin d'être vrai, sans quoi nous ne nous sentirions pas concernées. Or, nous nous sentons concernées. Et comment s'y prend-elle, la pub, pour savoir nous représenter sans nous présenter ? Le mystère fonctionne très bien. Tenez, voyons ça d'un peu plus près : au hasard (mais pas vraiment), ouvrons un magazine, prenons une pub sur les dessous féminins, Aubade par exemple, et penchons-nous sur le sein de la jolie femme en page pleine ; très féminin tout ça, très maternel aussi. Y'a pas, le sein est au visuel de pub ce que le fumet est à l'ogre affamé : une recette qui marche. De l'émotion toute fabriquée, parce que, retenez ça tout de suite : le sein n'est rien d'autre ici qu'un instrument de la publicité, et surtout pas une partie d'un être vivant. Sur ce, comparons-nous avec la photo... Voilà, constat personnel : cinquante ans de seins sur mon devant de scène, dont quelques décennies de 85 B et deux grossesses, forcément ça pèse. Et je ne compte pas le demi-siècle de gravité terrestre qui a eu comme un certain poids sur la poitrine que j'affiche aujourd'hui. L'ensemble est resté convenable mais je dois bien admettre qu'il a moins de tenue que le corsage de Miss Univers. Le contraire serait surprenant. Malgré cette réalité, je m'identifie volontiers à la fille Dim, à la femme Aubade, ou à l'amante Cacharel quand il s'agit pour moi de me projeter dans l'achat de soutien-gorge. Je me leurre en toute connaissance de cause, et cette duperie équivoque ne me gêne pas ! C'est pourquoi je me garderais bien de demander à la publicité de me représenter de façon plus authentique, avec des seins plus lourds. Plus inutiles aussi. Non, c'est bien ainsi, la pub me sauve du temps qui passe et me restitue celui où je portais fièrement mes seins. Elle fait durer ma jeunesse, et ça vaut bien que je lui en sois reconnaissante, convenez-en avec moi !

Au hasard, maintenant (mais toujours pas vraiment), penchons-nous sur le maquillage. Très féminin tout ça, très séduisant aussi. Le maquillage est au visuel de pub ce que la moule est à la frite : une excellente combinaison. *A priori*, le maquillage sert à valoriser les contours, à mettre en valeur. Du point de vue du design corporel, il tient lieu d'accentuation des traits, il a valeur d'affirmation. Mon maquillage à moi, mes cinquante ans ne peuvent plus s'en passer. Et si ma fille de vingt ans s'en sert pour se vieillir un peu, moi j'y planque mes rides avant tout. Se maquiller à cinquante ans, c'est un peu se masquer, sans se voiler la face cependant. Et si la publicité ne cesse de me dire que le maquillage est un geste normal du quotidien, sur ce coup-là, ça m'arrange bien ! »

On te fait croire que t'es jeune, et tu casques encore !

« Au cas où ça ne me suffirait pas, la publicité me suggère de m'emparer d'un pouvoir que la jeunesse habituelle n'a pas : le luxe. D'un point de vue strictement statistique, la femme de cinquante ans a plus d'argent que celle de vingt qui rêve elle aussi d'accéder au luxe. Et puis, pas question d'être démunie à cinquante ans, on ne le lui pardonnerait pas. On attend des gens mûrs qu'ils aient au moins la correction d'être fortunés ! La cinquantenaire devra s'en souvenir pour durer et sembler toujours bien dotée. Dans *Le livre noir de la pub*[1], Florence Amalou rappelle que les annonceurs visent 30 % des seniors les plus aisés, dès lors qu'ils s'adressent aux cinquante ans et plus. Mais par quel procédé ? Tenez, Chanel par exemple...

Étudions le cas publicitaire Chanel N° 5, *Le petit chaperon rouge*. Dans le spot version n° 1, par une nuit d'hiver, une très jeune fille gracile, en robe rouge, se trouve dans les coffres d'un établissement bancaire parisien, solide et luxueux. Là, elle s'empare d'un imposant flacon Chanel N° 5 et s'en parfume. Mais l'établissement est gardé par un loup qui ne tarde pas à la rejoindre. La jeune fille s'échappe et gagne la complicité du loup, lui intimant d'un geste l'ordre secret de ne rien dévoiler de ce méfait. Dans le spot version n° 2, de nuit, dans un riche et vaste musée parisien, une jeune fille capée de rouge se dirige d'un pas décidé vers un immense flacon Chanel N° 5. Elle l'ouvre et se parfume tandis que des

---

1. Florence Amalou, *Le livre noir de la pub*, Stock, 2001.

caméras de surveillance la surprennent. Le gardien des lieux libère quatre loups qui s'empressent de la rejoindre. Mais au moment où elle sort, elle se retourne alors qu'ils viennent d'arriver jusqu'à elle en gardant cependant la distance. Là encore, elle gagne leur complicité en leur intimant d'un geste l'ordre secret de ne rien dévoiler.

Les spots publicitaires du petit chaperon rouge Chanel semblent faire l'apologie du vol, à première vue. En fait non, ils ne font que préparer les futurs clients à payer très cher les millilitres de la célèbre marque. À cet effet, la publicité a veillé à n'exposer son produit qu'en des lieux luxueux (banque). La publicité Chanel fait une autre promesse à ses clientes : elle leur donne accès à l'art (le flacon est dans un musée). Et je ne dis rien des loups qui hantent ces spots. Il y aurait tant à dire sur le message sexuel de leurs langues effrontément pendantes. Toujours est-il que la part cachée des publicités Chanel N° 5 relève surtout du « pouvoir » d'un genre sur un autre. Aux femmes, il est clairement exposé que si elles se parfument avec Chanel N° 5, elles prendront le contrôle du mâle (le loup). Aux hommes, il est certifié que s'ils savent contrôler une femme parfumée avec Chanel N° 5, ils sont plus forts que quatre loups, c'est-à-dire quatre fois plus mâles que n'importe quel autre homme.

La femme de cinquante ans ne tenant aucune place visible dans ces deux spots publicitaires, il y a tout lieu de s'interroger pourquoi c'est elle, plutôt que ses filles, qui se parfume avec Chanel N° 5. La publicité n'a rien raté dans cette opération ; elle a su user de la projection que la cinquantenaire sait toujours établir quand il s'agit pour la femme de jouer le rôle du petit chaperon rouge. Comme quoi, l'inavouable transfert d'âge a encore de beaux jours devant lui.

Ainsi, deux tiers des voitures neuves sont achetées par des adultes de cinquante ans ou plus. Pourtant, aucune publicité ne semble leur être adressée. Qu'on ne s'y trompe pas, c'est

© Eyrolles

juste une impression. À cinquante ans, on est réceptif aux arguments techniques, mesurables et scientifiques. On veut juste qu'on nous les emballe dans un contexte léger, beau et teinté de folies, comme pour nous convaincre qu'on n'a pas encore atteint l'âge d'être sage ! Ne pas consommer, c'est ne pas être jeune. Qu'on le comprenne bien : rester jeune, ça se paye.

La publicité ne fait que jouer le jeu qu'on veut lui voir jouer. »

CHAPITRE 12

Comment faire du neuf avec du vieux ?

Plaidoyer pour une taille 44

Nos enfants de vingt ans trouvent, et c'est souvent vrai puisque nous sommes leur mère, que nous sommes jolies. Ils n'apprécient pas toujours qu'on s'habille jeune comme eux, d'autant qu'on a davantage de moyens qu'eux. Mais comment ne pas faire autrement ? Tout est fait pour, et les marques et produits divers ratissent au plus large, tel le Comptoir des cotonniers, la marque de fringue qui présente pleine page mères et filles vêtues pareilles, comme si elles étaient sœurs. Ça peut troubler tout ça, mine de rien…

Comme me l'a raconté une copine, quarante-six ans, danseuse, mère d'un fils de dix-huit ans et d'une jeune comédienne célèbre : « Ma fille est super contente que je fasse jeune. Mon fils, lui, me demande d'être moins jeune. "Les mères de mes copains, elles s'habillent pas comme toi, elles mettent pas de baskets, elles mettent des chaussures. Et arrête de faire attention à ta ligne, habille-toi comme une femme de ton âge !"»

Oui, mais comment elles s'habillent les femmes de mon âge ? Voyons Martine, notre ménagère de (plus) de cinquante ans qui n'est plus, par définition, tout à fait aussi mince qu'avant. Obsédée par ses kilos en trop, Martine. Car avant de parler vêtement, encore faudrait-il qu'elle puisse rentrer dans une taille qui lui corresponde. Passé le 40, c'est déjà difficile, alors un 42 oscillant selon les excès jusqu'au 44 !

« Mince alors ! Je ne sais pas comment je me débrouille, mais mon physique ne colle jamais à la mode. J'avais trop de seins en 1970 quand Kelton lançait sa montre extra-plate et Gainsbourg sa femme extra-plate. Années quatre-vingt, du temps des Wonderbra, j'ai tout perdu. J'ai été boulimique, anorexique, boulimique à nouveau, cambrée ou souple aussi souvent que la tendance le voulait. J'ai ramé sans compter pour m'adapter. Aujourd'hui le train de la mode ne m'amuse plus. Non pas que je ne puisse plus y adapter mon arrière-train, mais le voyage de la mode est sans escale, et surtout sans buffet. Pour être à la mode, interdit de manger ! Moi, l'ascèse me plombe. Avantage nouveau à mon âge : on vous pardonne enfin de manger. Mais cette indulgence n'a rien de respectable. Elle vous signifie simplement que vous êtes hors-jeu.

Le diktat de la minceur est impitoyable envers les femmes. Ajoutez le critère jeunesse par-dessus tout ça, et vous obtiendrez un filtrage tout à fait intéressant d'où ne peuvent sortir que des nymphettes bonnes à croquer. Autant vous dire pas nous, et surtout pas moi. Oui, le corps de la femme dans les médias a des contours irréalisables pour une cinquantenaire du monde réel, et c'est tellement fort, ce discours, que même filiformes, les filles de mes copines, paraît qu'elles se font vomir pour rentrer dans leur jean. Ce n'est pas moi qui ferais ça, j'ai donné dans le régime. Que je le veuille ou non, de toute façon, je n'arriverai pas à ressembler à ce qu'ils veulent. »

Asexués, lisses et dépoilés !

« Envers un homme du même âge que le mien, nul ne se risquerait à une telle humiliation par l'image. Non, lui, à cinquante ans, il est devenu plus sage et sa bedaine n'a rien de grave. La plastique de l'homme, telle que la véhiculent les médias, reste accessible à tous nos maris ; certes au prix d'un peu d'exercice aux haltères, d'abdominaux réguliers. Mais ils peuvent ne pas être hors-jeu, eux. N'oublions rien de cette cruelle évidence : l'image du corps dans les médias est toujours fabriquée pour le plus grand triomphe de la virilité.

Reste à savoir si le principe du mince éternel marque exactement l'avènement de la virilité. Depuis longtemps, la marque Dior s'est ralliée à ce principe dominant. Leurs visuels sont d'ailleurs les plus minces en matière de femmes : filles anorexiques, attitudes esclaves et regards tourmentés. Je n'adore vraiment pas. Pas plus que je n'adore ces femmes si adolescentes qu'elles n'en sont pas. Accoutrées en femelles, la publicité nous les montre si plates qu'il s'en dessine un profil asexué, dans le genre androgyne des héroïques *fantasies*. C'est une fille, c'est un gars ? Avec leur mode de se dépiler de partout et la même longueur de cheveux, on ne sait plus où on en est. Et bingo pour le marché du fantasme et de l'interdit ! *Via* le trouble de l'identité sexuelle, les marques ajustent leurs campagnes de com aux incertains du genre aussi bien qu'aux nouveaux homosexués. La pub nous le dit tout net : quiconque a un cul doit être touché.

Alors comment je m'habille sans faire totalement mamie ? »

Vintage, c'est tout moi !

« Recette infaillible pour s'octroyer un certificat de jeunesse dans les médias : se doter d'un label nouveau ! Même les *has been* les plus branchées ne lâchent pas ce principe d'éternité : il faut innover. Facile à capter en effet d'être la première femme cinquantenaire à uriner sur Mars ça peut forcer le respect. Il faut donc être la première... de tout, de n'importe quoi, mais la première en tout cas. Pas forcément la toute première, mais une de celles qui sera suivie par la foule des retardataires auxquelles on aura damé le pion. Ainsi, on admirera notre sens de l'à-propos et on en oubliera même nos rides. On vantera notre esprit d'avant-garde, notre clairvoyance de la tendance à venir. Et pour le monde marketing et communication, nous rejoindrons enfin le groupe sacré qui sert de référence à la publicité : celui des leaders d'opinion ! Ne me reste plus qu'à trouver le truc original qui m'y collera tout net, pas facile, quoique... j'ai opté vintage ! Le vêtement, on le sait, ne doit pas durer. C'est la loi de la productivité régulière qui veut ça. La chose n'est pas propre au vêtement. Il en est de même pour la machine à laver, la chaussure, la voiture qui doivent être renouvelées au bout d'un temps défini par le marketing. Aussi, pour s'en assurer, il est fabriqué fragile, éphémère, et pour les conservateurs la publicité se garde le pouvoir de le démoder. Un produit peut donc continuer à rester complètement opérationnel dans le temps et se trouver néanmoins défait de son utilité par sa forme, ses couleurs, éloignées de la nouvelle production. Ça ne vous rappelle personne ? Moi, le produit que je suis se sent drôlement concerné !

Pas de panique, la mode est mouvante, tournante et rétro. Pas absolument rétro, sinon elle serait soupçonnée de ne plus savoir innover. La texture est rétro, la ligne est rétro, le genre encore, mais pas le motif. Toutes les qualités de l'ancien sont donc là, sans qu'on l'avoue. La nouvelle mode n'ajoute à l'ancienne que des aspects qui n'ont aucune influence sur l'utilité du produit. Alors vous comprendrez que je fasse jouer à mon âge le produit d'origine qui est de retour en grâce. Aussi bien qu'un vieux foulard en soie, je suis prête à quitter *illico* le placard où l'on remise mon style de femme afin de flotter fièrement sous le vent de nouveaux désirs. Et pour réussir pleinement cette mise en scène, je suis bien entendu toute disposée à me voir flanquée sous mon vieux Chanel d'un tatouage outrageant, d'un piercing au nombril et d'un string fluo. Je suis donc très optimiste et je fais avec l'ancien, mes placards en sont remplis. Et puis, maintenant que j'ai saisi que le mot « vintage » affuble de quelques notes tendance les objets de collection au style très classe, j'ai aussi capté qu'il désigne tout ce qui est fiable. J'apprécie qu'il s'emploie pour ce qui, doté de valeurs luxueuses, n'a pas d'emprise sur le temps. Et ça, c'est tout moi. Je suis vintage ! Vintage par ma résistance à conserver ma féminité face à l'épreuve du temps. Je suis celle qui n'est pas recyclée, je vaux cher, vraiment.

Vous voyez, je vous l'avais bien dit, si je reste femme à cinquante ans, c'est parce que je le vaux bien ! »

Partie III

Censurées !

CHAPITRE 13.

Trop vieilles pour crever l'écran !

Journal télé et météo : de vrais miracles !

« On sait bien qu'une femme de cinquante ans, ça n'a jamais fait vendre ! », s'est écrié Guillaume Durand lors d'une émission à grande écoute sur Europe 1[1]. Phénomène bien français, voire latin... Vieillir quand on est une femme, ça fait vraiment désordre, ça ne se dit pas, il faut s'en cacher et, de toute façon, même pas la peine de faire des efforts, on vous cache. Pour sacrifier au jeunisme et aux critères drastiques de l'esthétisme actuels on n'hésite pas à ignorer une grande partie des femmes françaises. Mais les temps changent. Doucement mais sûrement. L'autre fois dans le bus, à Paris, deux belles femmes parlaient à haute voix, décontractées, de leur ménopause ; une troisième, qui les écoutait, est entrée tout naturellement dans leur conversation. Ne reste

---

1. Selon Élisabeth Weissman, alors qu'elle présentait son enquête, « Le corps qui lâche. Réflexions autour de la levée d'un tabou... », *op. cit.*, p. 95.

© Eyrolles

plus maintenant qu'à être présente un peu plus souvent sur le devant de la scène. Avec nos premières vraies rides et nos cinquante ans. Sans complexe. À nous affirmer. À nous exhiber, tiens ! Pourquoi pas dans une émission à grande écoute et à grand spectacle ? Pour faire de l'audience, on aurait un plateau rempli de toutes les stars quinquas, éblouissantes, qui viendraient témoigner, radieuses, de leur bouffée de chaleur et de leur sécheresse vaginale... On a tellement vu pire ! Et là, bingo, pour l'identification de presque la moitié des femmes de France ! Le standard exploserait ! Les publicitaires se feraient des ponts d'or en Omega 3 et rétinol ce soir-là, rivalisant de vieilles recettes pour la fortune de l'industrie pharmaceutique ! Un vrai scoop, ce sujet ! Imaginez, le public hilare et enthousiaste se balançant au rythme de MÉ-NO-PAU-SE ! Et même que ça ferait la une de tous les journaux le lendemain, parce qu'ils se vendent bien mieux quand c'est « vu à la télé ».

En attendant, ce n'est pas demain ! Qu'il s'agisse de la télé, du ciné, de la pub (je ne cite pas les romans, un cas à part), nous sommes jusqu'à présent condamnées à rester planquées dans les coulisses. Pourtant, pour revenir à la télé, il est d'autres pays où la femme mûre à l'écran ne fait pas tache. Je songe aux pays du Nord, où elle est à l'égale de l'homme sur bien des plans. Où montrer ses rides en *prime-time* et en gros plan n'attire pas ricanements et sarcasmes, ne serait-ce que sur Arte par exemple. Là où nos quinquas (et plus), présentatrices météo, journalistes, productrices... ont dû définitivement arrêter de vieillir à l'âge politiquement correct de quarante-cinq ans. Tenez, Martine, notre ménagère de (plus) de cinquante ans, ça la sidère :

« Les infos à la télé, je les regarde depuis des années. Claire Chazal est toujours là. Elle ne bouge pas d'un poil, celle-là. Ça fait bien dix, voire quinze ans qu'elle est la même, sans cache-siècle, sans ride. Cette fille, elle s'est arrêtée à quarante ans et depuis, elle s'y tient. À croire que jusqu'aux portes des cinquante ans, le défi réussi, c'est de savoir faire durer les quarante ! Moi je dis : chapeau Mémédéa (c'est le nom que lui donnent les mauvaises langues) ! Oui, j'avoue, je suis jalouse, jalouse de ne pas tenir son secret de jouvence. Avant elle, au début des années quatre-vingt, il y avait Christine Ockrent, la première femme aux commandes du premier journal d'infos. Audience record pour la 2, largement devant TF1. Ses cinquante ans à elle, ils sont passés à l'écran avec élégance. Et en prenant de l'âge, la reine Christine n'avait rien perdu de sa superbe. Si on l'a remisée, c'est pour des raisons politiques, pas parce qu'elle avait vieilli. Maintenant, je surveille les années Béatrice Schönberg. Cela dit, le métier de journaliste info est peut-être trop particulier pour témoigner de la présence des femmes à la télévision. Néanmoins, je le répète, quelle constance elles ont ces journalistes femmes, quelle aptitude incroyable à savoir faire durer une apparence insensible aux ravages du temps ! De là à comprendre que vieillir, c'est se disqualifier, il n'y a qu'un pas. Même des journalistes comme Pivot ou Durand dénoncent cette impitoyable évidence... Ah ! J'oubliais, il y a aussi les femmes de la météo ! La météo, je la regarde depuis des années. Sur Canal +, les filles sont à tomber, de vraies bombes sexuées ! Le météo-rite canal, c'est la belle plante femelle qui essuie l'averse séminale du moindre mâle qui la contemple. La carte météo passe au second plan, et le beau temps se tient davantage sur les hanches de la présentatrice que sur les monts d'Auvergne. Moi je n'arrive pas du tout à m'y faire aux miss météo de Canal. Elles provoquent toujours des turbulences dans la culotte de mon homme, alors que ce n'est pas souvent la tempête dans mon lit. D'ailleurs, les météo-girls de Canal, soit dit en passant, elles sont loin d'avoir cinquante ans. Ailleurs, sur d'autres chaînes, on s'en rapproche et on les dépasse. Là, l'élégance féminine est toujours de rigueur quand la météo doit s'exprimer. Paraît qu'il y a même un site sur Évelyne Delhiat où tous ses admirateurs, jeunes comme vieux, commentent chacune de ses tenues... C'est finalement indécent la météo : la femme qui s'y risque est dévoilée tout entière. D'abord de face, puis de profil, un brin de dos, un brin de travers ; tout est filmé pour ne rien ignorer de la courbure de son sein ou du galbé de ses fesses, malgré ses vêtements, bien entendu. À croire qu'elles le font exprès ! Ou plutôt, qu'*ils* le font exprès... »

Si l'on est aisément éjectée de l'écran autour de cinquante ans, est-il possible d'y entrer ? Oui, ça peut même lancer une carrière. Le cas de la ménagère de la publicité Pliz en est un exemple frappant. Ça date de la fin des années soixante-dix : vêtue d'un tablier pas cher, une femme de ménage entre dans une grande pièce luxueuse où trône une longue table en bois. Elle tient un chiffon dans les mains et l'on comprend bientôt qu'elle n'est là que pour faire la poussière. Puis contre toute attente, cette femme prend son élan, se sert de son chiffon comme d'un surf et glisse aussitôt sur toute la longueur de la table. Effet brillant garanti. Cette scène comique à l'érotisme discret sera du plus bel effet sur la carrière de l'inconnue d'alors, Marie-Pierre Casey. Ses talents la mèneront dans la foulée, au théâtre et dans des *one-woman-shows*.

Cinéma : « On repousse désormais les frontières du possible ! »

Bref, à la télé comme au cinéma, dur, dur en France de faire long feu sous les projecteurs. Ce que confirme Marie Mas-monteil, productrice, dans une interview au journal *Elle* : « *Tous les ans de nouvelles révélations arrivent, et plus ça va, plus cela ressemble à une pyramide : beaucoup d'actrices à la base et de moins en moins au sommet.* »[1] *Il y a quelques*

---

1. Magazine *Elle* du 16 mai 2005, « Le cinéma aime-t-il encore les femmes ? » de Philomène Piégay, qui fait le point sur les femmes et le cinéma en France, p. 154.

exceptions, comme Catherine Frot, souvent citée en exemple parce qu'elle a commencé sa carrière après trente ans : « Une carrière que certains qualifient même de "masculine". »[1] C'est tout dire !

Une actrice, si elle veut durer, doit prévoir sa carrière et « amorcer un virage » dès l'âge canonique de trente-cinq ans. Et pour cela, accepter de se vieillir afin d'incarner des personnages plus mûrs ou des rôles de mère. Terminé le rôle de séductrice ! Pourtant, les temps changent doucement : Comme le rappelle un agent artistique, « *avant, passé la quarantaine, les actrices ne travaillaient plus. On repousse désormais les frontières du possible* »[2]. Cette dernière expression laisse rêveuse…

Élisabeth Weissman, dans son article, « Le corps qui lâche… »[3], soulève elle aussi cette grande question du miroir. Des comédiennes ou des personnalités en vue ont préféré ne pas répondre à son enquête. Et comment ne pas les comprendre de devoir céder au diktat imposé ? On en est toutes là selon les circonstances.

Il serait bon pourtant et grand temps, pour nous, pour nos filles, pour toutes les femmes à venir, que nous fassions lever ces tabous. Il me semble qu'aux États-Unis, la conscience féministe, même si elle peut paraître excessive parfois, ne s'est pas affaiblie comme en France. Et que même au cinéma, des femmes font un travail remarquable et engagé pour défendre les droits et l'image de la femme, dans un pays où, là aussi, le culte de la jeunesse et du corps, cette image de soi et du paraître, est plus ou moins important selon les États.

---

1. *Ibidem.*
2. *Ibidem.*
3. « Le corps qui lâche. Réflexions autour de la levée d'un tabou… », *op. cit.*, p. 91.

À Hollywood, même si on est une grande star, on n'échappe pas non plus à la discrimination de l'âge. Mais on combat ! Ainsi, le documentaire américain de Rosanna Arquette, *Searching for Debra Winger*, présenté en France pour la première fois en séance spéciale au festival de Cannes 2002. Pour sa réalisation, Rosanna Arquette, qui connaît bien l'Europe pour y avoir vécu dix ans, s'est inspirée de sa propre expérience de comédienne : « Tout a commencé quand j'ai réalisé que quand vous êtes une femme comme moi et que vous arrivez à 40 ans, ils [Hollywood], vous mettent à la retraite alors que vous êtes pleine d'énergie. »[1] *Searching for Debra Winger* est un témoignage de trente-cinq grandes actrices américaines, dont Jane Fonda, Mélanie Griffith, Meg Ryan, Sharon Stone… Elles témoignent avec honnêteté de leur parcours professionnel, de leur vie privée, de leur carrière, de leur famille, et des pressions inhérentes à leur vie et leur travail de comédiennes. Comme dans le film magnifique de Billy Wilder, *Sunset Boulevard*, l'actrice vieillissante est condamnée à finir ses jours cachée dans l'ombre de ses lunettes noires et de sa grande demeure… Alors, pour nous, les anonymes, vous imaginez l'avenir ? Sorti en avril 2005, malgré des stars mythiques en distribution, ce documentaire semble n'être visible aujourd'hui où j'écris, 17 juillet 2005, que dans une seule salle, à Béziers.

Combien de séries américaines, ni moins bonnes ni meilleures que les autres, ne verra-t-on pas ou plus parce que les héroïnes, des quadras avancées ou quinquas amorcées, sont censées ne plus exciter les foules ? Ainsi, l'excellente série américaine de Suzan Harris, *The Golden Girls*, en France *Les craquantes*. C'est l'histoire de trois femmes, superbes quinquas, qui vivent en colocation à Miami : Rose, l'ingénue, Blanche, totalement nympho, et Dorothée, tout juste divorcée. Ce *sitcom* décapant est passé de façon aléatoire sur la 3

---

1. Sources : allo-ciné.com « Searching for Debra Winger ».

en 1995 (en nocturne évidemment, mais en VO, ce qui est rare pour une série). Reprise en 2001 par TEVA, une chaîne câblée française dirigée par des femmes, récompensée de multiples fois aux États-Unis, reconnue en France par sa qualité et son humour décapant, elle est tombée dans les oubliettes. *Dommage !* Dommage aussi qu'un jeune spectateur enthousiaste, Yann, vingt et un ans, n'ait pu s'empêcher de noter sur son blog une petite vacherie glissée entre des éloges : *« Les croul..., non les craquantes !* »

Bref, des séries qui parlent de femmes quadras ou quinquas, oubliez ! *Exit* d'office du box-office, quasiment obscène (surtout s'il met en scène les péripéties amoureuses d'une femme mûre avec un jeune éphèbe). Ça n'intéresse personne, paraît-il. Étonnant dans notre pays ou une femme sur deux a plus de cinquante ans... Ici, la censure va bon train, dès lors que l'on dérange un tant soit peu ou si on ne flatte pas les instincts primaires du commun des mortels. On leur préférera, comme sur la 2 récemment, les aventures, fort bien faites d'après les critiques, de jeunes femmes trentenaires, cette classe d'âge devenue la « ménagère de moins de cinquante ans » et qui intéresse de très près les stratégies marketing, et les médias en général. Il n'est pas sûr que la petite vie secrète des quinquas soit moins inattendue ! Méfiez-vous de l'eau qui semble dormir...

Dans *L'impensable désir*[1], Marie-Christine Laznik, évoque un feuilleton d'été donné au Brésil et qui traite des amours d'une presque quinquagénaire. Que l'actrice, Véra Fischer, soit âgée de plus de cinquante ans n'a pas été un problème, on ôta quelques années à son personnage. Le plus étonnant, c'est que son personnage ait une relation sexuelle unique avec son ex-mari et qu'elle tombe enceinte presque à la cin-

---

1. Marie-Christine Laznik, *L'impensable désir, op. cit.*, p. 244-245.

quantaine, du premier coup ! *« Comme une jeune fille ! Aucune ménopause à l'horizon. »*[1] Et l'auteure de rajouter : *« C'est au prix de ce déni que l'on peut représenter les amours des femmes au milieu de la vie.* » Mais là où les mœurs changent cependant, c'est que si *« dans le feuilleton, le jeune premier acceptait de laisser la mère pour la fille* (c'est moral tout de même), *dans la réalité, il se mariait avec une journaliste de plus de cinquante ans ».* Et là où la réalité dépasse la fiction, c'est, que, dans ce pays jeune, ces amours ont fait la une des magazines et des journaux et continuent de passionner les foules, fait impensable en France où ce couple attirerait ricanements et sarcasmes.

Mais la censure ne s'exerce pas seulement à la télé. Dans un article du *Monde* du 12 mai 2004, « Les scénaristes enchaînés à la télévision », Jean-Luc Douin dénonce les contraintes que la télévision, principal pourvoyeur de fonds, exerce non seulement sur le choix des programmes télé, mais aussi sur le cinéma. Ainsi, si le film est jugé dérangeant ou hors norme, peu de chance qu'il trouve les subventions des producteurs. Et de citer les démêlés de Josiane Balasko, habituée à camper des personnages *« qui ne correspondent pas à ce que la société attend d'eux ».* Elle avait ainsi *« envisagé de signer un film sur une femme d'âge mûr ayant recours à l'amour tarifé ».* Impossible ! Et de raconter : *« J'ai essuyé un rejet absolu des décideurs. Ce qui m'intéressait, c'était de parler d'une femme de cinquante ans, divorcée, seule, qui a envie, de temps en temps, que quelqu'un la prenne dans ses bras, la caresse avec un peu de tendresse. On m'a dit que ce n'était pas un sujet pour moi, qu'il manquait de gags, que je m'intéressais à des femmes dégueulasses ! »* De ce film au sujet ô combien monstrueux, elle a fait finalement un roman, *Cliente*[2].

---

1. *Ibidem.*
2. Josiane Balasko, *Cliente*, Fayard, 2004.

Scénario plus *soft*, mais mêmes difficultés au départ pour le cinéaste François Ozon lorsqu'il a voulu monter *Sous le sable*[1], une histoire mettant en scène des personnages de cinquante, soixante ans, avec Charlotte Rampling, immense actrice pourtant mais à la cinquantaine dépassée. Marie (Charlotte Ramping) et Jean (Bruno Cremer), âgés de cinquante à soixante ans, prennent des vacances dans les Landes. Marie dort sur la plage ; quand elle se réveille, Jean n'est plus là. S'est-il noyé ? S'est-il enfui ? Nul ne le saura jamais, mais pour Marie, il s'agit de vivre avec le fantôme d'un être cher : « *On a eu un mal fou à monter* [ce film], raconte Olivier Delbosc, producteur... *Aucune chaîne n'a voulu nous suivre. C'est déjà difficile de monter un film sur un nom de femme, alors si cette femme a plus de cinquante ans... Le cinéma est un miroir, et les gens ont du mal à se voir vieillir à travers une actrice.* »[2]

Concernant ce film, quelques extraits de la critique cinéma (très élogieuse) du journal *L'Alsace le pays* : « *Charlotte Rampling qui ne cache pas ses rides et qui mieux que cela nous touche au plus profond à cause de cela...* » [...] *Le jeune cinéaste François Ozon n'occulte pas le désir, les pulsions sexuelles de Marie lorsqu'elle rencontre un autre homme, notamment dans une scène fantasmatique aux mains multiples. [...] Sous le sable est un film sur des gens de cinquante, soixante ans imaginé par un jeune cinéaste, mais ce n'est pas un film de "vieux", ni un film qui parle de "vieux", c'est un film tout simplement. Du cinéma qui prend le pouls de la vie.* »[3] À première vue, on pourrait être séduit par cette critique, et elle est sincère. Ce qui est amusant (il faut bien finir par en rire), c'est que les éloges ici ne peuvent s'empêcher d'anticiper les préjugés : est-il besoin, l'article est court,

---

1. 2001.
2. Propos recueillis dans le magazine *Elle* du 16 mai 2005, p. 154.
3. *L'Alsace le pays*, 7 février 2001.

d'évoquer les rides d'une actrice vieillissante, celui de la sexualité et du désir des femmes passées cinquante ans (ce fameux désir soi-disant en berne des ménopausées), enfin de prévenir les spectateurs qu'il s'agit d'un couple d'âge mûr mais pas d'un film de vieux sur les vieux ? Malgré tant de bonnes intentions, toutes ces précisions, ces préventions dénoncent les préjugés qu'ils ne peuvent s'empêcher de véhiculer...

Un esprit de censure pour bien d'autres sujets aussi et qui n'existait pas il y a une vingtaine d'années, comme le rappelle le réalisateur Bertrand Tavernier ; « *Aujourd'hui, les deux tiers de mes films, du* Juge et l'assassin, *à* L'appât, *en passant par* Coup de torchon, *ne pourraient pas se faire.* »[1] À Hollywood comme en France (et il en est de même pour la télé), avant d'être un art, le cinéma est une industrie. Et l'on sait comment faire les bonnes recettes.

Alors, impossible encore aujourd'hui d'imaginer les romances crapuleuses d'une quinqua en feuilleton télé quand on sait que l'auteur de *Kirikou la sorcière*, ce merveilleux film d'animation qui se passe en Afrique, a dû affronter pendant des mois un fonctionnaire de France 3. Ce monsieur exigeait que toutes les indigènes (je rappelle que ce sont des personnages de dessin animé) recouvrent leurs nénés de soutiens-gorge ! « *Les gens de la télévision ont une vision de la France contemporaine totalement fausse et archaïque,* dit le jeune réalisateur Sébastien Lifshitz, auteur de *Wild Side. Leur représentation des gens de notre âge est en décalage avec la réalité.* »[2] Certes, mais de nos cinquante ans aussi. Alors ? À qui s'adresse-t-on en fait ? Parce que tout le monde râle, mais ça marche tout de même... Normal, a-t-on conscience de tout ce qui nous est imposé sous couvert, ne serait-ce

---

1. *Ibidem,* Jean-Luc Douin, p. 101, « Les scénaristes enchaînés... »,
2. *Ibidem,* Jean-Luc Douin.

que du « culturel » ? Et de qui nous l'impose ? Nous avons droit à ce que nous voulons voir, paraît-il. Est-ce la célèbre histoire de l'œuf ou de la poule ? Il semble que ce soit plus pernicieux encore que ça...

Je ne peux m'empêcher soudain de penser avec tristesse à cette première nuit de la pub à Paris, dans les années quatre-vingt. La salle du Grand Rex était remplie des jeunes que nous étions. Et les pubs et les courts métrages de défiler à grand rythme, l'un après l'autre. Faits pour nous. Quand soudain est passé un petit film avec pour héroïne une adorable mamie. La salle a hué aussitôt si fort en la voyant apparaître qu'il me semble que le film s'est interrompu. Même sentiment de désarroi, il y a une dizaine d'années, devant des dissertations de concours pour de futurs éducateurs, sur ce fameux thème de la vieillesse. Le jury a constaté un ostracisme si fort qu'il en a été désemparé et choqué. Sur les cinq cents copies, un leitmotiv revenait sans cesse : à quoi pouvait bien servir le troisième âge ? À raconter des souvenirs, oui, montrer de vieilles photos, garder les petits-enfants, mais surtout, le vrai problème, tous ces vieux à venir ! Qu'en faire ? Car combien allaient-ils, eux les jeunes, devoir payer plus tard pour les caser ? Quand on pense qu'on va être une sacrée tripotée de séniles dans pas longtemps, l'âge moyen dans les prochaines années à venir étant de quarante-cinq ans, on frissonne en songeant aux nouvelles si pathétiques de Matheson sur la vieillesse, auteur américain de science-fiction et de fantastique. Sera-t-on obligé dans un futur qui s'accélère de se supprimer pour éviter qu'on ne nous assassine avant, très techniquement, très délicatement, comme le vivent les personnages de ces nouvelles ?

Alors, je m'interroge. Le film anglais culte et si beau (repris au théâtre par Madeleine Renaud), *Harold et Maud*, de Hal Ashby en 1971, souvenez-vous, cet « amour » entre une octogénaire et un jeune homme suicidaire, pourrait-il se tourner encore aujourd'hui, et surtout, aurait-il le succès qu'il a rencontré quand nous avions dix-huit, vingt ans ? L'émotion suscitée serait-elle du même ordre ? Il est des sociétés que l'on dit moins évoluées où en tout jeune développement et qui font la part belle à chacun, ensemble ; on appelle ça l'intergénérationnel, il n'est que de repenser à l'exemple cité sur l'actrice du feuilleton brésilien.

Aujourd'hui, par nécessité économique – ce qui est en partie le cas des sociétés pauvres –, nos enfants restent longtemps à la maison, cette rencontre obligée des générations va-t-elle faire changer les mentalités ? Les vingt, trente ans sont incapables d'imaginer que nombre de femmes qu'ils trouvent sympas, jeunes et séduisantes ont dépassé les quarante-cinq. S'appuyant sur leurs exemples de personnages féminins, au cinéma, à la télé ou dans bon nombre de romans, ils croient qu'elle en a quarante au plus, là ou nous aurions deviné (d'ailleurs, qu'est-ce qu'on s'en fiche !). Le chiffre cinquante les déboussole. Le brouillage des générations est de plus en plus une réalité et ce qui subsiste, c'est bien la représentation que l'on se fait d'un certain nombre, d'un certain âge. À cinquante ans, on est vieille. Normal, au XIXe, on serait déjà morte !

CHAPITRE 14.

Femme trente-cinq ans cherche femme de trente à cinquante-cinq ans

Et dans le groupe social homosexuel, c'est comment ? Est-ce que l'on retrouve chez les gays et les lesbiennes cette fameuse frontière des cinquante ans ? Pour le savoir, j'ai rencontré Geneviève Pastre, une grande dame du mouvement lesbien, écrivaine et éditrice. Et puis, pour parfaire mon enquête, j'ai fait du terrain ! Après m'être inscrite sur Meetic hétéro, vaste territoire de chasse à l'international, je me suis inscrite pendant tout le mois de mai 2005 sur Meetic femme, territoire beaucoup plus confidentiel. Et j'ai comparé. Deux mondes. Un hétéro, un homo. D'autres valeurs. Une autre distribution des rôles.

Sur Meetic hétéro comme sur Meetic femme, il faut d'abord remplir son profil : âge, profession, goûts divers, etc., et surtout être précis dans sa recherche. Ainsi, l'âge limite que vous octroyez à votre future rencontre.

Meetic hétéro : 50 ans : zéro fantasme !

Commençons par Meetic hétéro : chez les hommes, quel que soit leur âge (sur meetic, la limite extrême est de soixante ans), quel est celui limite pour leur plaire ? C'est tellement facile maintenant que ce n'est même plus drôle comme devinette... quarante. Maxi quarante-cinq ans...

Le plus drôle, dans cette affaire, c'est que tout le monde, hommes et femmes, a senti confusément qu'il valait mieux mentir parfois, quelle que soit la classe d'âge (et sur le reste aussi mais ce n'est pas le propos). C'est comme dans la vraie vie, en un peu plus appuyé. Pourquoi ce serait différent, d'ailleurs ? Ça fait partie du jeu. Les plus jeunes se vieillissent, les plus vieux se rajeunissent, surtout quand ils ont passé quarante-cinq. Tiens donc, cinquante aussi chez eux, ça poserait problème ?

On se rajeunit donc, jusqu'à dix ans d'un coup, bien souvent. Et pour prouver qu'on est jeune et comestible, on met une photo, parfois un peu ancienne tant qu'à faire pour que ça colle. Voilà, on est présentable, d'un côté comme de l'autre. À chaque classe d'âge ses préjugés et ses fantasmes. Et ça fonctionne à fond, le fantasme, dans les rencontres virtuelles. Un vrai terrain d'expérimentation pour comprendre les mécanismes de la séduction, du rêve et du désir. Mais surtout pas de l'amour.

Tenez, démonstration, j'ai enquêté pour vous : il vient là pour draguer, comme tous, pas pour faire sa vie, même s'il s'en défend mollement. Il peut avoir de vingt à soixante ans, à vous d'imaginer son raisonnement selon son âge, je vous en donne la base. En général, qu'ils en aient vingt ou soixante, ça varie peu, si l'on part bien sûr du principe qu'on est là pour le *fun* et pas pour refaire sa vie : « Très mignonne, mais elle a dix-huit ans : trop jeune, pas d'expérience, vais m'ennuyer... Pas mal, vingt-cinq ans : encore un peu jeune, mais bandante à cet âge. Jolie, trente ans, ça le fait, mais voyons plus loin...

Trente-cinq ans : intéressant, ça commence à le faire sérieuse-
ment. Quarante, hum... de l'expérience, et sexy avec ça ! »

Y'a pas ! Le chiffre vous fait complètement femme, et c'est
fantasme à coup sûr, avec seulement une ou deux unités en
plus. C'est que la littérature et le cinéma en sont remplis de
femmes de quarante ans. Rien que dans les classiques,
même si on n'en a lu que quelques extraits : la femme *Du
diable au corps*, celle du *Rouge et le Noir*, de *L'Éducation
sentimentale*... Ce n'est pas pour rien qu'elles sont nombreuses à avoir quarante ans, celles sur les sites de rencontre,
quand elles en approchent cinquante ou qu'elles les ont tout
pile. Elles savent qu'à quarante, elles sont à point dans l'ima-
ginaire des hommes, les jeunes et les moins jeunes. Qu'elles
sont mûres sans être blettes. À point.

Nous nous étions arrêtées à quarante, on continue la remontée du temps : « Pas mal celle-là, mais quarante-cinq, c'est
limite. » Bon, y'a encore du quarante dedans, ça rassure.
Quarante-huit : « Hou ! Ça craint un peu... » Mais toujours ce
petit quatre qui subsiste discrètement. Tout de même, ça
commence à dater. Cinquante, tiens : « Bien conservée pour
son âge », mais laisse béton, cinquante, c'est une vieille. Une
en manque. Une chaude. Alors, peut-être, à la rigueur, si
rien d'autre... Ça doit être bizarre avec une cinquante ?

Pour nous aussi, les femmes, des préjugés envers l'âge de
ces messieurs, soyons bonnes joueuses. Cela dit, je parle
de nous les cinquante, en matière d'exigence masculine, je
nous crois plus tolérantes, prêtes à l'inattendu aussi dans nos
goûts. Question de génération. Et aussi, plus dans l'amour,
même si le sexe n'attend pas le nombre des années !

Meetic femme : un autre monde

Et sur Meetic femme ? D'abord, elles sont bien moins nombreuses (et je parle à l'international). Bien moins exigeantes.

Plus claires, ou plus globalisantes dans leur recherche. Hormis celles que l'on sent hétéro ou bi, titillées parfois derrière par un mari cherchant à jouer en trio, elles disent chercher l'amour, une compagne, une amitié. Et, surtout, leurs critères de recherche pour ce qui concerne l'âge sont plutôt ouverts, même si ce n'est pas systématique. Ainsi, une femme de trente-quatre ans en cherche une autre de vingt-cinq à cinquante-cinq, une de trente-huit, de quarante à cinquante-huit, une autre encore de quarante-trois, de trente-cinq à cinquante-cinq, etc. Les femmes de soixante ans ne sont pas rares comme chez Meetic hétéro.

Ce qui m'a surprise, c'est que bien des femmes mariées, même jeunes, recherchent une première relation homosexuelle. Telle cette jeune femme de trente ans soumise au discours porno ambiant, consentante, mais qui veut de la sensualité et de la douceur. Une demande qui rejoint ce que m'ont confié les lesbiennes avec lesquelles j'ai dialogué : « Avec une femme, c'est la douceur, la sensualité, la complicité, la compréhension, la confiance. »

« Jamais la sexualité hétéro n'a été aussi hard, aussi violente »[1], dit Geneviève Pastre. Je partage assez son avis. Et elle rajoute : *« Les femmes aiment naturellement les femmes. Elles ont des sexualités qui s'épousent parfaitement ».* Sur un autre plan, l'intuition, même si nous avons des super-copains, présents quand il le faut, combien de nos copines savent en général mieux nous soigner (la séduction et la tendresse ne fonctionnent pas de la même façon), nous « materner » quand nous en avons besoin et nous trouver belles dans un détail, là où la plupart des hommes, s'ils ne sont pas amoureux ou toujours sous le charme, ne poseraient pas un regard. (Mon discours peut sembler généralisa-

---

1. Entretiens avec Geneviève Pastre du 24 mai et 16 juin 2005.

© Eyrolles

teur, j'ai tout à fait conscience que c'est bien plus complexe que ça et qu'il existe, heureusement, nombre d'hommes tendres et attentionnés. Cela dit, nos amis gays sont souvent les plus délicieux du monde, des mecs comme on voudrait plus souvent en trouver dans le monde hétéro !).

Ainsi, il arrive, plus souvent peut-être qu'on ne peut l'imaginer, que des femmes, une fois ménopausées, élevé les enfants et quitté le mari, réalisent une autre vie avec une femme. Les cinquante ans, la ménopause ? Vous vous en doutez, elles n'en avaient rien à faire ! Et ceci m'a été confirmé par Geneviève Pastre et ses amies qui ont bien ri de la question : *« On n'est pas des bêtes reproductrices ! La ménopause, on n'en parle pas, ne serait-ce que par délicatesse naturelle. »* Ainsi, aucun enjeu de virilité pour elles ! Le but n'est pas d'être ensemble pour procréer, ce qui, par ailleurs, n'empêche pas le désir et la conception d'un enfant au sein du couple. Aucun préjugé sur la question. Certes, certaines peuvent préférer des femmes plus jeunes, mais c'est affaire de goût. Dans le monde lesbien comme dans le monde gay (même si tout un chacun a horreur de la vieillesse, qui l'aimerait ?), il n'est pas exceptionnel de rencontrer des couples d'une grande différence d'âge, et la répartition des rôles et des fonctions, mêmes pour ce qui concerne les tâches ménagères, n'est pas toujours clairement distribuée, comme elle peut l'être généralement dans le monde hétérosexuel, celui qui reste à la maison doit faire le ménage, (exception faite de groupuscules, comme les Butch, lesbiennes américaines où l'une tient le rôle de l'homme). *« On nous a appris à penser en termes de famille, de relations familiales, d'hétérosexualité. Dans le monde lesbien, tout cela n'existe pas en général, c'est une personne qui rencontre une personne. On ne se pense pas en fonction des hommes, on ne forme pas une classe séparée, définie... On nous dit asociales,* précise Geneviève, *parce qu'on casse le jeu habituel de la séduction. »*

Cela dit, les mentalités changent dans le monde hétéro, et si longtemps les hommes sont restés convaincus qu'ils devaient être les initiateurs sexuels, avec tous les jeux de rôle que cela implique (chef de famille, etc.), la distribution est aujourd'hui bien floue, ce qui n'est pas sans créer un certain désarroi, du côté masculin comme du côté féminin. Le masculin aurait tendance à se féminiser et ne s'en cacherait plus. Plutôt bien, non, d'écouter enfin, et pour l'un et pour l'autre, la part sexuelle apparente ? Cette dernière réflexion n'engageant bien sûr que son auteur !

CHAPITRE 15.

Tendance love

Courrier des lectrices : « Je suis attirée par des hommes plus jeunes que moi »

« Divorcée de cinquante et un ans, je ne fais pas du tout mon âge : on me donne en général entre trente-cinq et trente-huit ans. Évidemment, cela me fait très plaisir mais mon problème, c'est que je suis attirée par des hommes de trente, quarante ans. Ceux de mon âge ne m'intéressent pas. Je les trouve radins, pantouflards, égoïstes, alors que ceux de trente ans sont attentionnés, tendres, séduisants. Je ne me vois pas finir ma vie avec un cinquantenaire. Je ne pourrais même pas avoir une relation physique avec l'un d'eux, cela me rappelle mon ex qui me dégoûtait. Je me demande si j'ai une chance de rencontrer l'homme qui me convient. Merci de m'apporter votre avis. » Estelle[1], réf…

Chère Estelle, je suis désolée de vous répondre si tard, mais j'espère que ma lettre au travers de ce livre vous parviendra.

---

1. Courrier repris intégralement *in Femme Actuelle*, rubrique « La main tendue », printemps 2005.

© Eyrolles

Votre interrogation témoigne d'une grande jeunesse, de l'envie de vivre intensément jusqu'au bout. Et bien sûr qu'avec de tels atouts vous aurez la chance de rencontrer cet homme plus jeune que vous recherchez. Et qui vous recherche aussi. Nous avons à cinquante ans des qualités d'amour qu'ils ne rencontreront pas chez des femmes de trente ans. Il faut bien que maturité se fasse. Il paraît d'ailleurs, ce qui semble correspondre à votre cas, qu'un tiers des femmes qui changent de partenaire à la ménopause le choisisse d'environ dix années de moins[1]. Chez vous, il trouvera écoute, bienveillance, compréhension, amour, autonomie, indépendance, et vous lui apporterez sans doute une sensualité qu'il ne trouvera pas chez une femme plus jeune. Quant à votre désir proprement dit d'un homme plein de fraîcheur, il est tout à fait légitime. Pourquoi seriez-vous différente de ces centaines de générations d'hommes qui, sans vergogne, ont batifolé avec des jeunettes ? D'autant qu'elles n'avaient pas trente ans ! Mais quinze, ou seize, toutes fraîches à consommer, juste l'âge pour entamer une grande lignée... Pourquoi, oui, seriez-vous différente de tous ces hommes qui, une fois la quarantaine passée, lorgnent sur les jeunes femmes et souvent quittent l'ancienne, parce qu'ainsi ils s'évitent de se voir vieillir, souvent en recommençant une nouvelle famille, comme au jeune temps ? Si classique que c'en est presque misérable... Fiers de leur pouvoir de s'immortaliser, intacts jusqu'au bout.

Pourquoi ne pourriez-vous pas jouir de votre désir puisque vous ne demandez rien d'autre que cela, partager la tendresse et la sensualité ? Et que désormais vous pouvez vous l'offrir, vous êtes indépendante, vous n'attendez plus à cinquante et un ans le prince charmant qui non seulement ferait de vos nuits un septième ciel, mais, surtout, vous comblerait d'or pour assurer vos vieux jours.

---

1. « Il est plus jeune et alors ? », magazine *Marie-France*, novembre 2004, p. 68.

Dans *La domination masculine*, Pierre Bourdieu[1] raconte à peu près cela : « *Plus la femme sera libre, moins elle aura besoin d'un amant vieux et riche.* »[2] *Ces femmes, qui s'assument et n'ont pas besoin d'un homme pour leur sécurité, qui s'aiment et assument leur choix, Marie-Christine Laznik*[3] les appelle « *les femmes à cœur d'homme* ».

Vous voulez partager le désir et l'amour. Et le désir et l'amour n'ont pas d'âge. Vous serez pour lui, selon les circonstances, à la fois l'épouse, l'amante, la mère, la sœur et parfois même la petite fille. À vous de savoir trouver le juste équilibre entre tout ça.

Et c'est là le plus difficile. Parce qu'aimer quelqu'un plus jeune que soi, jusqu'à vingt ans de différence, voire trente, si c'est possible en théorie, la pratique en est moins évidente. Sans vouloir vous décourager, il faut que vous soyez consciente que le jeune homme que vous décrivez dans votre lettre est quelque peu idyllique. Les avantages, vous les avez compris d'emblée. Mais les inconvénients ? En voilà le scénario possible, sachant qu'il est à moduler, tout dépend de vos deux personnalités. Loin de moi l'idée de vous décourager, mais vous pourrez ainsi vous lancer dans ce bel amour en toute connaissance de cause.

La vie quotidienne : lucidité oblige !

Si vous partagez votre quotidien avec un homme jeune de trente ans (et pas soixante dans sa tête, ça arrive), à l'aise avec sa génération, il y a de grandes chances pour que ce soit vous qui soyez responsable de l'intendance. Vous avez

1. Pierre Bourdieu, *La domination masculine*, Le Seuil, 1998.
2. *In* « La femme est un loup pour la femme », magazine *Elle* du 16 mai 2005.
3. Marie-Christine Laznik, *L'impensable désir*, *op. cit.*, en référence aux Indiennes Pigean du Canada, voir partie IV, « Une affaire qui remonte à loin », chap. 23.

l'habitude, vous faites ça très bien, et lui, à son âge, il est en pleine construction de sa carrière et de sa personnalité. Merveilleux pour lui de pouvoir se consacrer à ce qui est important, de n'avoir pas avec vous à régler des conflits parce que le repas n'est pas prêt ou qu'il a oublié de rapporter les packs d'eau minérale… Moins cool encore quand on vit une passion d'aller ensemble au supermarché choisir le papier cul, faire la queue à la caisse et s'entendre dire par la caissière, parce que si vous faites plus jeune que votre âge, lui aussi : « Dites-moi, Madame, les barres de chocolat sur le tapis roulant, là, c'est encore à vous ou c'est pour votre fils ? » Pas cool non plus, les regards des femmes dans la rue, réprobatrices et jalouses. Pas cool vos jeunes collègues, vos étudiantes ou votre fille qui pourraient vous dire : « Tu chasses sur notre terrain, maman, maintenant ? Un si beau mec à ton âge, c'est pour nous normalement ! »

Et si vous voulez respecter sa vie et ses goûts, ce qui est la moindre des choses, pas cool qu'il parte le samedi soir dans une rave ou en boîte et qu'il vous assomme au ptit déj. Avec le dernier tube Métal. Pas cool non plus, et ça le gonfle de vous accompagner voir vos copains. Soit il aura l'impression d'être chez ses oncles et tantes, soit, si vos amis sont des gens plutôt originaux, il se sentira tout fragile, tout nouveau-né et bien loin de ses préoccupations. Pas cool encore qu'il ait généralement moins d'argent que vous. S'il vous aime sincèrement, il se culpabilisera de ne pas vous faire des cadeaux aussi somptueux que les vôtres. D'abord, vos goûts, il ne les cerne pas tout à fait, normal, vous êtes d'une autre génération et vous n'êtes pas sa mère. Le fer à turbo vapeur ultra performant ou la robe de chambre polaire trois épaisseurs, pas sûr qu'ils soient bien reçus…

Vous l'aimez donc, et vous le protégez, vous le comprenez, jamais il ne s'est confié à personne comme à vous. Vous le gâtez aussi, et il apprécie vraiment, mais qui n'apprécierait pas ? L'ennui, c'est que dans votre grande ouverture d'esprit et votre grande tendresse, vous lui ôtez le côté protecteur, mâle, qu'il aurait voulu vous donner et pour lequel on l'a programmé jusqu'alors. Ce côté protecteur qu'il aime donner. Qui donne un sens à son existence. Car plus vous serez géniale, Madame, dans votre indépendance, dans votre autonomie, dans votre façon de savoir ce qui est le meilleur, normal, vous avez l'expérience, moins il se sentira, d'une certaine façon, exister. Même s'il reconnaît tous les bienfaits que vous lui apportez. Mais au fond, c'est vous qui dominez la relation, qui le dominez. Et pour exister, que lui reste-il ? Ce que vous êtes allée chercher : sa jeunesse, sa fraîcheur, sa virilité, la tendresse qu'il peut savoir vous offrir. Ce sont ses armes à lui, et il ne manquera pas de vous piquer avec, parfois, pour pouvoir affirmer toute sa vérité, vous renvoyer à vos limites : votre âge. Ne vous étonnez pas d'ailleurs qu'il clame un jour, dans un grand besoin de se casser la figure sur la vie, tout seul, sans que vous lui ayez déjà indiqué les écueils : « Je ne suis pas ton homme objet ! »

Bien sûr il vous aime, et bien sûr il vous admire, et bien sûr vous êtes tout pour lui. D'autant qu'il vous le dit avec une telle force, une telle spontanéité que vous en pleureriez. Et bien sûr qu'il est sincère aussi quand il dit qu'il ne veut pas d'enfant, que le monde est trop cruel, que c'est très bien comme ça. Il les adore pourtant mais ne veut pas savoir le temps qui va passer et le changer. Il se peut même qu'il reste auprès de vous toute votre vie. J'ai bien dit toute votre vie. Même s'il en reste presque trente-quatre années, ce que vous allez vivre dans ces temps-là sont la consécration de tout ce qui a précédé. Mais le mitan de la vie en est le sommet, vous aurez beau ne cesser de grimper sur certains points, sur d'autres, comme disait un jeune ami : « Tu es sur la pente descendante maintenant. » Parce qu'il y pense avec angoisse que vous allez vieillir, et c'est bientôt, vous avez cinquante ans. Que vous ne serez plus belle. Que ses copains ne l'envieront plus, même s'ils se moquent parfois.

Qu'ils le plaindront alors. Que vous tomberez peut-être malade. Que vous allez mourir avant lui. Vous qui êtes tout pour lui. Sa vie, il vous la donne. Elle est pour vous. Pour vous il veut grandir, afin d'être digne de vous. Mais il ne pourra jamais vous rattraper. La vôtre, votre vie, elle est déjà bien entamée. Vous lui offrez le meilleur, un fruit mûr, juste à point. Mais aussi, le plus éphémère.

Mais vous rajeunit-il, cet amour, au moins ? Oui, dans toute la jeunesse qu'il apporte et qui fait écho en vous. Non, parce chaque ride en plus, chaque petite trahison du corps est vécu avec plus de cruauté. Pas sûr d'ailleurs que cela le dérange autant que vous. Il vous aime tout entière. Dans le désir, rien n'a d'importance, et vous êtes alors plus belle, comblée. Mais vous, vous savez. Vous constatez. Et les efforts pour être vue toujours sous votre plus beau jour sont à tenir au quotidien. Une vraie discipline. À compléter avec un petit tour en Tunisie ou en Pologne dans quelque belle clinique privée. À prévoir dans votre budget. Pas donné à tout le monde. La beauté est un luxe aussi. Et le temps va passer. Deux ans, trois ans, cinq ans, dix ans même, peut-être.

Mais la vie est là, qui pousse en lui. Pleine d'imprévus, plus forte que lui ; elle est comme la mer, la vie. Vous aurez beau construire les digues les plus hautes du monde, ça n'empêchera pas les vagues de les déborder. Si vous êtes attentive, ce sera à vous, si vous l'aimez vraiment, pour lui, d'en sentir les premières poussées. Vous le laisserez partir alors, parce qu'il a son chemin d'homme à faire, sans vous. Vous le laisserez partir parce que de toute façon, il y a de grandes chances, et c'est tant mieux pour lui, qu'il parte un jour tout seul. Parce qu'il sera devenu plus fort. Plus vite que les autres. Grâce à vous. Mais aussi grâce à lui qui aura osé affronter les préjugés, ses parents qui avaient votre âge, ses amis. Qui n'a, si c'est un jeune homme honnête et profond, et peut-être même s'il ne l'était pas tout à fait au départ, écouté finalement que son cœur et le grand désir qu'il avait de vous. Et qui ne vous oubliera jamais. Car la place que vous avez occupée est exceptionnelle – hors du temps, même, peut-être, paradoxalement – et il ne la vivra sans doute qu'une seule fois dans sa vie.

« Tout peut arriver »

Oh, je sais ce que vous allez m'objecter, Estelle : « Ce que vous dites peut s'appliquer à n'importe quel homme, quel que soit son âge. » Oui, mais là, c'est plus douloureux car, sans vouloir jouer les psychologues, la qualité d'amour entre une femme mûre et un homme jeune n'est pas la même. L'exigence, différente, que cette relation demande n'est pas de tout repos. Avez-vous vu ce film de Nancy Meyers, avec Jack Nicholson et Diane Keaton, *Tout peut arriver*, sorti en 2004 ? Je crois qu'il pose bien les limites que demandent de telles relations.

Voici l'histoire, Harry Sanborn (Jack Nicholson) est un directeur de maison de disques new-yorkais, éternel play-boy en proie au démon du midi. Pendant un week-end dans la luxueuse villa de sa nouvelle petite amie d'une vingtaine d'années, Marin, il a une crise cardiaque. Erica (Diane Keaton), la mère de Marin, écrivaine célèbre, la cinquantaine comme lui, va devoir, non sans réticence, soigner le séducteur. Marin, quant à elle, dépassée par les événements se retire du jeu. Harry, incapable de rentrer à New York, reste une convalescence forcée chez Erica. Intervient alors, Kean, le jeune et beau cardiologue chargé d'Harry. Très admirateur de l'œuvre d'Erica, Kean tombe follement amoureux d'elle. Erica, qui sort de plusieurs mois d'écriture qui l'ont cloîtrée à la maison, est à la fois très étonnée et flattée de ce qui lui arrive. La scène où elle quitte son éternel jogging et se contemple nue – et comme elle est belle – dans sa chambre est d'une grande justesse. Elle finit par céder au désir du jeune et beau médecin, ce qui lui redonne toute sa confiance et sa féminité. Harry, quant à lui, toujours retenu dans la maison d'Erica, incapable de rentrer à New York, est tombée sous son charme. Erica pleine de méfiance envers le genre séducteur invétéré, continue de le soigner sans grand enthousiasme. Entre eux, nul artifice. Erica parce que c'est sa personnalité, qu'elle est dans son quotidien et ne fait aucun effort pour lui plaire. Harry parce qu'il est diminué par son attaque, ne cherche pas à séduire et découvre, lui qui n'aime que des minettes, la richesse d'une femme. Ainsi, chacun traînant en robe de chambre avec ses lunettes de presbyte sur le nez qu'il leur arrive de confondre, les deux cinquantenaires vont finalement se rencontrer. Car leur génération et leur milieu artistique communs, leur humour et leur intelligence ont créé entre eux une grande complicité. Si Harry rentre chez lui guéri et amoureux d'Erica, si celle-ci, de son côté, poursuit sa liaison avec le jeune et beau médecin, toujours fou amoureux, Erica et Harry se manquent, ont besoin l'un de l'autre, simplement, profondément. Erika quittera Kean et retrouvera Harry.

Vous pourriez m'objecter, que cette histoire est au final morale. Je ne crois pas. En tout cas, pas là où nous en sommes en 2005, dans les nouvelles formes de rencontre entre les sexes. Elle est pour moi réaliste si vous souhaitez une relation paisible.

Enfin je rajouterai, Estelle, que les hommes de cinquante ans ne sont pas tous des brutes, radins et pantouflards. Il en existe d'aussi beaux que des jeunes hommes, d'une grande fraîcheur encore, spontanés et ouverts, sportifs, prêts à l'aventure. Certes, vous n'êtes pas la grande première ou seconde dans leur cœur. Certes, il vous faudra partager l'amour qu'ils vous donnent avec leurs enfants, comme eux avec les vôtres. Certes, ils ne sont pas presque tout neufs, mais pas forcément plus complexes qu'un jeune homme. Comme nous, ils portent leur histoire de cinquante ans et leurs contradictions. S'ils sont si bien, pourriez-vous m'objecter, pourquoi sont-ils libres ? Autant de questions que l'on peut renvoyer aux femmes de cinquante ans célibataires...

Tendance love, alors ?

De même que l'échangisme est tendance, de même l'est ce nouveau phénomène de société, une femme mûre et un homme jeune. Il est sans doute accentué en partie par le brouillage des générations, mais il a toujours existé. Simplement, me semble-t-il, comme pour l'homosexualité, on s'en cache moins quand on est le commun des mortels. Avant, il était réservé au grand jour aux femmes célèbres ou en vue, des « artistes ». Bien loin de la « réalité », tout leur était permis. Ainsi les amours de Colette et de Bertrand de Jouvenel, son très jeune beau-fils, celles de George Sand avec Alfred de Musset, puis Chopin (qui finira par préférer la fille), Édith Piaf et Théo Sarapo, Marguerite Duras et Yann Andrea, sans parler de femmes connues encore bien vivantes, écrivaines, journalistes télé, artistes peintres, etc. La liste serait longue, et ne me paraît pas opportune ici. Quant aux hommes âgés et aux jeunes femmes, si on remonte l'histoire, une encyclopédie n'y suffirait pas !

Ainsi, dans mon enquête sur la question, effectuée dans une grande ville de province, j'ai été très étonnée de rencontrer tant de femmes mariées avec de jeunes amants. Est-ce la sagesse, un arrangement petit-bourgeois fin de siècle, la peur de se lancer dans l'inconnu ? Je n'ai aucun jugement là-dessus, mais c'est sans doute, d'une certaine façon, plus facile à vivre, plus valorisant que le quotidien. En tout cas, je ne voudrais surtout pas vous décourager, Estelle, loin de moi cette idée, mais simplement vous mettre en garde sur justement ce dont on parle parfois volontairement d'un ton léger, badin, dans les magazines. Ils sont là pour pointer des tendances, provoquer un questionnement, témoigner de l'évolution des mœurs. Mais derrière le ton badin, des vérités sont dites, sur lesquelles on ne s'arrête pas forcément, en mode lecture rapide faite pour distraire et éveiller votre curiosité.

De toutes les façons, pour reprendre un proverbe indien bien connu, « *tout ce qui n'est pas donné est perdu* ». Alors ce bel amour, offrez-le, vivez-le, avec sens et tous vos sens, et vous serez, malgré les difficultés, émerveillée par sa fraîcheur et sa beauté.

© Eyrolles

CHAPITRE 16.

Vieille poule veut jeune coq

Eh oui ! « Vieille poule veut jeune coq »[1]

Chère Estelle, que certaines femmes mûres et bien mûres aiment les petits jeunes est vieux comme le monde. Pourquoi en serait-il autrement ? Pourquoi serions-nous différentes sur cette question-là des hommes ? D'autant que notre sexualité est bien plus riche que la leur, on a beaucoup écrit là-dessus, et il est entendu qu'elle ne s'arrête pas à la ménopause. Je ne voudrais pas ternir le tableau qui se profile à travers ces lignes, celui d'un beau jeune homme digne d'une peinture de Michel-Ange, à la bouche à couvrir de baisers, non, non, mais les dames qui travaillent en maison de retraite auraient beaucoup de choses édifiantes à raconter sur la soi-disant sexualité morte des vieillardes... Et c'est tout à fait terrible et misérable[2].

---

1. Proverbe rural.
2. Voir à ce propos, l'extraordinaire documentaire de Fanny Mesquida *Amours de vieux, vieilles amours,* sorti en 2001.

© Eyrolles

Alors, tant qu'il est temps, profitez si vous le pouvez. Et ne jugeons pas, maintenant que le temps nous est pressé, celles très vieillissantes qui s'offrent à la terrasse des grands cafés, dans toutes les grandes villes, des gitons pour continuer d'apprécier la beauté et les sens. Ne jugeons pas non plus celles qui vont dans les pays exotiques s'offrir du black à croquer. Je les ai souvent vues en voyage, ces femmes, pour lesquelles ce doit être difficile de rivaliser avec d'autres. Dans cet échange, personne n'est dupe. Sauf que, plus sentimentales par nature que les hommes qui ramènent des filles perdues pour les marier ici, elles n'attendaient que l'amour. Et j'ai eu souvent le cœur serré pour elles de les voir si fragiles, tandis que le jeune beau mâle, distrait mais consciencieux, remplissait son devoir de chevalier aimant.

Nous ne pourrons jamais, me semble-t-il, en tout cas pas dans un avenir proche, devenir comme tous ces hommes qui nous ont achetées et qui nous achètent encore à travers le monde. Peut-être que je porte la femme trop haut (attention, je ne porte pas les hommes trop bas !), mais je crois que notre condition de femme, depuis que les sociétés existent, jointe à notre différence biologique, cette mixité du culturel et du naturel, nous rend plus amènes à la tendresse, davantage prêtes au fond à faire le nid. Même si nous sommes avant tout de l'espèce humaine, et donc loin d'être des saintes !

Tenez, pour illustrer et compléter tout ce que je vous ai raconté jusqu'ici, je voudrais vous livrer une histoire vraie, celle que m'a racontée Mathias, un musicien haïtien d'une quarantaine d'années aujourd'hui, alors que j'enquêtais pour ce livre. Avec notamment cette question : « Avez-vous déjà fait l'amour avec une femme de cinquante ans ? » Je vous la confie telle qu'il me l'a offerte, sans aucune analyse, juste en sensibilité. Elle dit beaucoup, même si le contexte est particulier.

« Gueule de vieille »

« On pense en général que ces femmes-là, ce n'est pas pareil, que c'est fini pour elles. Quand tu les vois, tu ne peux pas leur donner d'âge. Mais ce n'est pas l'âge qui fait la femme. Si c'était le cas, alors, il n'y aurait pas de vie dans ce monde. Ces femmes, elles en ont arrangé beaucoup dans la vie. On ne pense pas qu'elles peuvent faire l'amour, ça, ce sont des conneries. La première femme blanche que j'ai rencontrée en France, c'était à Paris. Elle avait cinquante-trois ans, elle était belle, j'en avais vingt-six. Elle m'a beaucoup aidée, je ne pensais pas qu'elle allait m'aimer comme une fille qui aurait vingt ans. Et quand j'ai fait l'amour avec elle, je me suis dit que l'amour, ce n'est pas seulement pour les jeunes filles. Je ne pensais pas qu'elle pouvait avoir autant de jouissance, quand j'ai découvert ça, ça m'a épaté ! Je ne pensais pas non plus que je pouvais vivre avec elle. Elle était mariée, elle habitait une grande maison dans la banlieue parisienne, elle avait aussi une maison en Normandie et deux voitures. Elle avait deux fils, un de trente-deux, un de vingt-quatre. Elle vivait seule avec son mari, elle était déprimée avant notre rencontre. Son mari l'appelait « gueule de vieille » !

J'habitais à l'hôtel, elle venait me voir tous les soirs. Avec moi, elle s'est sentie comme à vingt ans, elle se les rappelait. Je n'ai pas regardé son âge, elle était très belle. C'est pour ça que je dis que ce n'est pas l'âge qui fait la femme, quand tu arrives à jouir ensemble. Quand l'amour est réciproque, il n'y a pas de limite, il n'y a pas de frontière.

Un jour, quatre mois après notre rencontre, on est allé acheter une télé pour que je puisse la regarder à l'hôtel. On a mis la télé derrière son vélo. Je poussais le vélo quand une voiture s'est arrêtée. Le mec n'arrêtait pas de me regarder. C'était son mari, celui qui l'appelait « gueule de vieille ». J'ai dit : « Quel est ce mec qui me regarde comme ça ? Qu'est-ce

qu'il me veut ? » Elle me répond : « Ne bouge pas ! Arrête-
toi, ça tombe bien. Aujourd'hui, il va comprendre beaucoup
de choses. Il va avoir enfin ce qu'il mérite. Il va comprendre
qu'un jeune homme peut s'intéresser à moi, c'est ce genre
d'homme-là qui rend les femmes dépressives, qui les
décourage… Il a oublié qu'il a fait sa vie avec moi, il va voir
qu'un jeune homme peut tomber amoureux de moi. » J'ai
pris la télé, je suis rentré à l'hôtel, et elle chez elle. Il l'attendait avec un pistolet, il voulait la tuer, puis se tuer, il a mis
son pistolet sur sa tempe. Elle lui a dit : « Puisque tu
m'appelles "gueule de vieille", tu n'as pas besoin de moi,
moi, j'ai besoin de vivre ma vie… » C'est ce qu'elle m'a
raconté à l'hôtel. J'ai voulu qu'on arrête, pour qu'il ne se tue
pas ! Elle m'a répondu : « Il n'a qu'à se tuer ! Si je ne t'avais
pas croisé, je serais devenue folle, je n'ai pas quatre-
vingts ans, j'ai besoin d'amour, d'affection. »

Il ne s'est pas tué, il voulait garder la maison, ses droits. Elle
voulait qu'on se marie. Elle est partie vivre avec moi. Elle
venait toutes les nuits, elle disait qu'elle n'arrivait pas à dormir, qu'il fallait qu'elle soit auprès de moi. Elle payait tout
pour moi, partout. Je suis parti un an après, je ne pouvais
pas attendre, il fallait que je déménage pour m'occuper de
moi. Je suis parti sans lui laisser d'adresse. J'ai changé
d'hôtel. Un jour, six mois après, je l'ai croisée : « Pourquoi tu
m'as joué un coup comme ça ? » Je lui ai répondu qu'il fallait
que je fasse ma vie aussi, j'avais presque vingt-huit ans maintenant, elle avait fait la sienne. Elle a compris. Ces femmes,
tu leur donnes la vie dont elles ont besoin. Elles ont besoin
de rajeunir, c'est comme si on leur donnait du sang. En
échange, je venais d'Haïti, je n'avais pas beaucoup d'argent,
elle m'a beaucoup aidée. Tout Africain qui vient en Europe
cherche une blanche pour s'intégrer. Je l'ai beaucoup aimée.
Je n'aurais jamais pensé qu'une femme comme elle puisse
tomber amoureuse, qu'elle puisse pleurer par amour. Une
femme de cinquante ans, tu n'as pas peur qu'elle tombe

enceinte. Elle t'apporte la paix, la tranquillité, elle n'apporte pas d'angoisse, elle apporte de l'amour. Je ne pouvais pas la prendre pour ma mère, si j'avais été blanc, oui, j'aurais pu penser que c'était ma mère. Ma mère est noire, elle, elle est blanche, elle est belle à cinquante-trois ans, Elle n'a pas travaillé comme ma mère qui a vécu dans la souffrance à vendre des légumes sur le marché pour nous nourrir, qui était vieille déjà. Mon père avait trois femmes, on était trente-deux enfants en tout.

Quand tu fais l'amour avec ces femmes-là, tu te sens bien, bien ! Tu apprends beaucoup de choses, c'est un autre monde. L'homme a besoin d'être aimé tout le temps, ces femmes-là le comprennent. Et toi, l'homme, tu dois comprendre que ces femmes ont également besoin d'amour. Non, une femme n'est pas finie à cinquante ans, une qui serait finie, c'est parce qu'elle serait sur une chaise roulante. Il n'y a pas d'âge. »

CHAPITRE 17.

Gare à Vampirella !

« Ces mamies qui s'offrent des jeunes »

Chère Estelle, votre interrogation et votre recherche sont bien dans l'air du temps. Qu'une femme de cinquante ans vive une relation au grand jour avec un jeune homme est un phénomène de société qui traverse le monde entier, comme en témoignent différents journaux pris au hasard sur le net.

Tunis hebdo[1], par exemple, à la signature prometteuse notée sous le nom du journal « Je cherche la vérité », s'amuse avec beaucoup d'ouverture d'esprit de ces nouveaux couples. L'article, daté du 2 août 2004, qui s'intitule « Couples "DECAL'AG". Quand l'automne épouse le printemps... » fait état des couples célèbres qui ont une différence d'âge, et notamment « le tabou » qui subsiste lorsque la femme est plus âgée que l'homme. Et d'énumérer les couples célèbres

© Eyrolles

1. http://www.tunishebdo.com.tn/article.php?rid=5&id=18185

qui n'en ont cure « depuis belle lurette », ce qui constitue quasiment l'article dans son entier. On apprend ainsi qu'aux États-Unis, lorsqu'une femme sort avec un homme plus jeune qu'elle, une toute nouvelle expression lui est attribuée : *To do a Demi Moore* (faire un Demi Moore), en référence à l'actrice Demi Moore, quarante-deux ans et à son compagnon Ashon Kutcher, vingt-sept ans. L'article, bon enfant, se termine sur une reprise de la célèbre citation du Cid : *« Comme quoi la valeur n'attend pas le nombre des années et l'amour n'en a que fi ! »*

Plus drôle et très intéressant, est l'article de *Tchad forum*[1] sur la question. Un article très long, très vivant et très cruel, daté du 2 juillet 2004 (ce sont des sujets d'été !), illustré de nombreux exemples et interventions de spécialistes de l'âme humaine. Écrit par deux journalistes femmes, que l'on suppose d'emblée jeunes, il est sans pitié et, dans une langue pleine de contrastes et d'humour, véhicule nombre de tabous et de préjugés. Des préjugés qui sont, je crois, les mêmes, plus marqués dans une société africaine encore pétrie des traditions. Par cet article caricatural, est énoncé très haut ce que d'aucuns hypocrites en France pensent bien bas, ne se risquant pas à naviguer contre les courants du moment. Le titre déjà est éloquent : « Ces "mamies" qui s'offrent les jeunes. »
« Elles ont plus de 50 ans. Leurs partenaires ont souvent l'âge de leurs enfants [...] » Enquête de Cathy Yogo et Dosine Ekwé.

« La sexagénaire (notons que de cinquante ans annoncés au début, la femme prend dix ans) *est fringuée de manière extravagante. Sa jupe à froufrou rouge et son corsage rose près du corps laissent à la fois deviner son nombril, ses bour-*

---

1. http://www.tchadforum.com/?page=article_item&aid=44

relets et le début de ses seins aplatis. Elle tient tendrement le jeune homme qui l'accompagne. De temps en temps, elle lui passe langoureusement la main sur la joue et lui jette un regard amoureux au passage. De quoi donner à redire aux passants et exciter les vendeurs à la sauvette qui les insultent déjà : "Maman, tu veux violer ton fils ?", crie-t-il à la femme qui, pour défier les tabous, se fait davantage câline avec son homme avant de s'engouffrer dans une superbe berline. À bas les jaloux !"

À partir de différents portraits de couples, les auteures de l'article, avec la même verve (elles ont du bien s'amuser), vont dresser un tableau de ces relations, sur fond de réalité économique et de traditions, de ce qu'elles nomment « une mode » mais aussi « un problème ». Il se pose beaucoup plus en France quand la femme a dépassé la cinquantaine, mais il est et restera marginal, estime une sociologue citée. En attendant de savoir si cette dame a raison, en voici la synthèse suivante.

Cette femme déjà âgée est incestueuse, laide, grosse ridicule, et riche. Le pire, c'est qu'les p'tits jeunes ne font même pas cela pour sauver leur peau face à une réalité économique difficile, non, parce que *« si il y a quelques années, les partenaires mâles* (sic) *venaient en majorité de familles modestes, voire pauvres, aujourd'hui même des gens de milieux aisés sont entrés dans la course ».* Un phénomène qui se répand et que l'on retrouve en Afrique de l'Ouest, et au Sénégal notamment, où seuls les couples mixtes ont le courage de s'afficher publiquement. *« Pour que la différence ne crève pas les yeux »,* elles s'habillent jeune, *« mon petit cœur aime bien quand je m'habille en pantalon et en tee-shirt sexy »,* vont en boîte danser avec leur giton, *« n'empêche, il faut faire comme les plus jeunes. Elles se trémoussent alors au point de risquer une crise cardiaque. »* Ce genre de femme s'entretient dans les salles de gym le dimanche matin pour *« perdre ses kilos en trop »,* *« ne pas exhiber sur la côte ses bourrelets ».* C'est *« la recherche de l'attention et le désir de dominer enfin un homme qui l'ont poussée vers les jeunes ».* Un mode de vie qualifié de « *quelque peu bordélique »* : « *Je ne veux pas vieillir et je m'ennuie avec les hommes de mon âge [...] contrairement à leurs cadets qui sont beaucoup plus attirants, spontanés, dociles et surtout bien sexuellement.* » Il arrive que dépassé la cinquantaine, « *il y a des risques qu'elle fasse un enfant mongolien, un cadeau que l'on s'en doute, très peu de jeunes aimeraient recevoir de leurs amantes ».* Elle est jalouse, « *préserve son territoire et le tient à l'œil »,* et « *pour attirer l'attention des hommes plus jeunes, elle utilise de l'argent en multipliant des cadeaux. Et le piège se referme sur le garçon qui va devoir alors passer des nuits entières à procurer du plaisir à sa conjointe ».* Celui-ci non seulement lui sera redevable du travail qu'elle lui a trouvé et du savoir-vivre qu'elle lui a appris, mais, question sexe, elle en fait un « *robot ».* Le danger, reconnaît le jeune homme, c'est qu'elle « *réfléchit mieux que les petites filles et vous pose moins de problèmes. Elle est aussi plus expérimentée côté relations sexuelles, art culinaire et autres ».* Une relation qui n'est pas de tout repos « *et passé le défi avec les copains du jeune homme, qui perd de son piquant et frise la persécution ».* « *Seul compte l'amour qu'elle porte à ce jeune homme que personne ne supporte dans sa famille. Ce gros bébé qu'elle a réussi à séparer de ses copains pour le garder à elle seule et le modeler à sa convenance. »* Elle rend les mères jalouses parce qu'elle leur vole leur fils. Heureusement, il arrive que le jeune homme leur préfère la fille ! Mais c'est une femme très dangereuse, et, à la radio camerounaise, dans une émission, on a mis les jeunes en garde, « *tentés par des aventures avec des personnes plus âgées ».* « *Tout se passe comme avec des piles, la personne âgée est considérée comme une pile usée tandis que la personne plus jeune est une pile neuve. Plus ils se côtoient, échangent ou font l'amour, plus la personne âgée puise l'énergie du jeune. C'est pour cette raison qu'à certains moments, les jeunes paraissent fatigués et sont ternes. Leur aura n'est plus resplendissante.* »[1] Même si cela est démenti par des médecins, il faut s'en méfier. « *L'empire de cette femme est tel que le jeune homme n'est plus lui-même.* » Et l'article de s'achever ainsi : « *Fini les soirées passées à écumer les bars de la capitale avec les copains en regardant les jolies minettes ; fini également les petits jeans sales. Place aux costards et eaux de toilette des grands parfumeurs qui lui sont presque imposés. L'empire de* [cette femme sur ce jeune homme] *est tel qu'il n'ose même plus prendre des décisions. Elle réfléchit et impose. Tel est pris qui croyait prendre.* »

Après ça Estelle, il faut assumer votre désir d'un jeune homme ! Voyez les méchantes langues !

« À l'heure de la globalisation »

Pas triste non plus à propos de cet article, les réactions très vives des internautes, Africains du monde entier. Je n'en ai sorti qu'une dizaine de pages, voici quelques réactions parmi les plus fréquentes :

« *[...] Ceci pour dire que la situation socio-économique difficile, et même la mauvaise distribution des biens dans toutes les couches de la société, peut expliquer le penchant des jeunes vers leurs aînées, surtout que celles-ci dans le meilleur des cas commencent à douter d'elles-mêmes sur le plan sentimental, autant vulnérables qu'elles sont en mal de compagnies affectives épicées et viriles.* » (Armaguedon, France)

« *La situation est catastrophique en Europe ! [...] Ces hommes, elles veulent les avoir même lorsqu'elles porteront des appareils dentaires ! Quel égoïsme ! Pauvres mamies (plus*

---

1. C'est une façon de penser que l'on retrouve dans les sociétés traditionnelles, voir « Une affaire qui remonte à loin » un peu plus loin.

de cinquante ans), le contrat ne peut pas être éternel et on n'a nécessairement pas besoin de sexe jusqu'à cet âge-là puisqu'il ne s'agit pas d'amour ! » (Julie, France).

« [...] Il est également fait allusion à la chute d'un tabou considéré comme un bienfait pour la société. À mon avis, c'est une erreur grossière. Des tabous sont bons dans une société, pour poser des limites collectives, définir des valeurs implicites et ne pas demeurer les attrappe-tout de ce qui se fait ailleurs sous prétexte de modernité. » (Kmer, Afroland).

« Moi, j'ai piné une de ces femmes-là cet après-midi et je peux te dire qu'elle assure mieux que les jeunettes de Douala. La femme te fait ça bien et sans complication. Nonnnnn, j'étais trop bien, en plus, elle suce comme une blanche. Comme dit Ongola, essaye avant de critiquer. » (Justin, Douala, Bonapriso).

« Quels que soient l'âge et les choix, aimez-vous car il n'y a aucune loi qui interdit votre union... » (Joe Stone, Allemagne).

« [...] Imbécile est celui qui à l'heure de la globalisation n'aura pas compris l'actualité de la maxime : tous les moyens sont bons pourvu qu'ils soient efficaces... » (Zaza, Suisse).

« Le véritable enseignement que je tire de ce fait de société est le tabou que nous nous évertuons à entretenir autour de certains comportements : pourquoi une femme n'aurait pas le droit d'aimer un homme plus jeune ou bien pourquoi un jeune homme n'aurait pas le droit d'aimer une femme plus âgée ? Tandis que l'inverse est permis et même encouragé quand le prétendant a les poches pleines. Nous vivons dans une société dite moderne et libérale ; nous devons donc intégrer ces changements de mœurs qui peuvent choquer mais plus parce que nous n'y avons pas été habitués (même en Occident ce type de relation est encore mal perçu). L'époque des mariages précoces, forcés ou arrangés est révolue. » (Innocent, Douala).

« Je croyais être particulier avec ma copine de quatorze ans mon aînée qui m'a offert une ZA BMW, mais ça m'encourage de voir que c'est un phénomène de grande ampleur, je ne lâcherai pas Diane parce que je l'aime vraiment. » (Patrick, La Baule, France).

Un vœu

Voilà Estelle, tout ce que je vous aurais écrit si j'avais eu le temps, à ce moment-là, de répondre à votre lettre. Mais je n'ai pas encore tout à fait fini de bavarder avec vous. Ce qui a dû vous frapper comme moi dans ce dernier article, c'est cette réputation, entre autres, qui est faite à la femme mûre, lorsqu'elle vit un amour avec un jeune homme, de le vampiriser, de lui retirer toute personnalité, de le castrer en quelque sorte. Cet article vient du Cameroun, je l'ai dit, je vous invite à aller le lire dans son intégralité. Et puis, sur une tout autre planète, lisez ce dialogue entre Fabrice Verzières et Marguerite Duras à propos de sa relation avec Yann Andrea[1]. Le questionnement de Fabrice Verzières n'est pas très éloigné de cette thématique-là, la femme vampire, et fallait-il que Marguerite fût bien fatiguée pour réagir avec tant de patience, de politesse et de talent. Je vous en livre quelques extraits choisis :

Fabrice Verzières : *« Madame Duras [...] Yann Andrea est un homme aujourd'hui brisé, comment était-il lorsque vous l'avez rencontré ? Étiez-vous consciente de la fragilité de ce jeune homme ? Est-il devenu en quelque sorte votre créature ? »*

Marguerite Duras : *« Yann Andrea est venu à moi en 1980, c'est lui qui a décidé de sa vie en frappant à ma porte... »*

---

1. http://www.dialogus2.org/DUR/yannandrea.html
Ce dialogue est-il fictif ? Qui est ce monsieur Fabrice Verzières ? Quoi qu'il en soit, fictif ou réalité, il est porteur de sens...

© Eyrolles

Fabrice Verzières : « *[…] Vous vous défilez adroitement [...] Je suis un peu gêné de vous entendre parler de votre relation platonique comme d'un amour inouï. Madame est-ce vous et uniquement vous que vous aimiez narcissiquement à travers Yann ? Sa jeunesse vous faisait-elle oublier votre chair ravagée ?* »

Marguerite Duras : « *[…] Que cette relation ait été platonique, vous êtes le seul à le dire…* »

Fabrice Verzières : « *Pourquoi l'avez-vous laissé passer le seuil de votre porte en cette année 1980 ? Et comment pouvez-vous disposer de la vie d'un être en décidant qu'il sera le garant de votre voix éteinte ?* »

Marguerite Duras : « *[…] Encore une fois, je vous renvoie à mes livres [...] lisez-les, et vous apprendrez que je n'ai pas répondu à ses lettres pendant bien longtemps, et qu'un jour il est venu sonner à ma porte.* »

Que vous aussi, Estelle, un jeune homme qui vous admire vienne frapper à votre porte !

CHAPITRE 18.

C'est ta mère
ou ta copine ?

Ni Phèdre, ni Jocaste mais nous-mêmes !

Connaissez-vous Phèdre, Estelle ? Le désir des femmes a toujours effrayé les hommes tant il pouvait être grand et les dépasser. Ce désir de Phèdre pour Hippolyte, par exemple, dans la pièce de Racine, vous vous souvenez ? Pas politiquement correct du tout de tomber d'amour pour son beau-fils ! On comprend que le jeune homme ait pu en être effrayé. Presque sa mère ! Mais pas sa mère. Car Hippolyte, s'il a un lien de parenté avec Phèdre, n'a aucun lien de sang avec elle. Et pourtant, ce désir de Phèdre pour son beau-fils est perçu comme monstrueux. Je vais peut-être un peu loin, et j'en oublie Thésée, le mari de Phèdre, mais permettez-moi, Estelle, un parallèle un peu osé : Colette qui a vécu un grand amour dans les années 20 avec Bertrand de Jouvenel, son beau-fils. Elle avait alors quarante-neuf ans, il en avait dix-sept. L'histoire qui a duré 5 ans, et le contexte sont différents, certes, mais Bertrand ne s'est pas effrayé du désir de sa belle-mère !

Cependant, oui, l'histoire est bien différente de celle de la pauvre Jocaste, quand il y a des liens de sang. Elle ne savait pas qu'elle consommait son fils Œdipe. Et lui qu'il consommait sa mère. Se sont même mariés. Et Œdipe de se crever les yeux, de se castrer en quelque sorte. Sale histoire ! La pire histoire qui puisse arriver, en fait. La pire union frappée d'interdit par la majorité des sociétés humaines, fondement de toutes les sociétés (sauf rares exceptions), cet interdit-là, l'inceste. Tu ne coucheras pas avec ton père ni avec ta mère, ni avec ton frère, ni avec ta sœur. Le tabou le plus fort.

Et si au fond c'était ce tabou-là qui se cachait derrière les préjugés lorsqu'une femme plus âgée aime un jeune homme et qu'il est aimé d'elle ? Si c'était Phèdre et Jocaste qui hantaient les inconscients quand les mauvaises langues disent, mine de rien : « C'est ta mère ou ta copine ? » Quand des femmes s'interdisent d'aimer des jeunes hommes : « Oh, non, je ne pourrai jamais, il pourrait être mon fils ! » Ce tabou si fort qu'il empêcherait la liberté d'aimer quelqu'un de plus jeune que soi lorsqu'il n'y a aucun crime ? Lorsqu'il n'y a rien d'autre que deux personnes qui se rencontrent et se désirent ? Quand on n'a plus trente ans, ni même quarante, et qu'on serait en âge d'être sa mère, alors qu'on ne peut plus être une mère ? Si c'était cela le grand frein et le grand préjugé contre ces amours particulières ?

Je n'irai pas plus loin dans mes interprétations, je n'en ai pas l'autorité. Si vous voulez vous interroger davantage face à ce désir que vous éprouvez d'un homme jeune et que vous pourriez réfréner, sans bien savoir pourquoi, je vous renvoie au livre de Marie-Christine Laznik[1].

---

1. Marie-Christine Laznik, *L'impensable désir, op. cit.*

Car si l'inceste est terrifiant, à juste titre, il l'est plus encore quand c'est une mère qui abuse de son fils[1]. Et quand cette mère a dépassé la cinquantaine, c'est l'horreur absolue, les préjugés chevauchent un tabou.

En témoigne une affaire passée au tribunal de Tournai le 21 janvier 2005. Le juge entame le procès en ces mots : *« Dans le florilège des horreurs dont ce tribunal est témoin, vous figurez, Madame, sur un palier très élevé. »* « À l'instar du ministère public, le tribunal n'avait pas souvenir d'avoir examiné un dossier de cette nature [...] Approchant la soixantaine, Chantal D. comparaît en correctionnel de Tournai pour des faits d'attentat à la pudeur coupable en 2003 sur son propre fils (16 ans) ! »[2]

Bien sûr ce crime est affreux et n'a pas de nom, mais il frappe l'inconscient sur deux registres, celui du tabou de l'inceste et celui de la femme ménopausée. Une affaire qui remonte à loin, comme vous pourrez le lire plus loin. Où l'inceste est justement à l'origine du monde et où la femme vieillie est écartée. Mais ce ne devrait plus jamais être comme cela. À nous d'affirmer que nous ne sommes plus les mêmes, que le monde a changé et, avec lui, la place qui nous était donnée.

Ai-je suffisamment répondu à votre lettre Estelle ? Alors, ne vous posez plus de question, si telle est votre personnalité, votre sensibilité, vous ne serez jamais une criminelle, ni une

---

1. 20 % d'inceste de ce type d'après le docteur Philippe Brenot, psychiatre et anthropologue, directeur d'enseignement en sexologie (universités de Bordeaux-II et Paris-V) *in* « De l'évitement naturel à l'imprescriptibilité de l'inceste », communication aux 1res Journées de l'ANREP : « Médecine, psychiatrie et justice », Avignon 20 octobre 2002.

2. *In La Dernière Heure.*

vieille folle lubrique de laisser entrer chez vous le jeune homme rencontré par hasard, à qui vous ouvrirez votre porte et qui vous hissera alors au niveau d'Aphrodite ! Et à qui vous direz : « Tant que nous aurons du désir l'un pour l'autre, le temps n'existe pas. »

PARTIE IV

Une affaire qui remonte à loin

CHAPITRE 19.

Une sombre histoire de sang...
L'un saigne, l'autre pas !

« La Femme qui appartient, elle aussi, aux êtres à part
est une autre figure énigmatique... Mieux : elle est
l'Énigme. De même que l'homme de race ou de
nationalité étrangère, elle attire et repousse. »

Octavio Paz, *Le labyrinthe de la solitude*[1]

Quel est l'élément commun entre une jeune fille qui a
ses règles et une femme de cinquante ans qui ne les a plus ?
Pas difficile comme devinette, hein ? Le sang bien sûr. Chez
l'une, il coule, chez l'autre, il ne coule plus. Et maintenant,
une question qui me taraude depuis le début de toute
cette histoire de ménopause : si c'était à partir de ce sang-là
que se sont construites, depuis des millénaires, toutes les
théories, toutes les représentations, toutes les conceptions

1. Cité *in* Julian Pitt-Rivers, *Anthropologie de l'honneur*, Hachette, coll. « Pluriel »,
1997, p. 177.

scientifiques, psychologiques, culturelles… sur la femme ? Ce sang qui pendant trente-cinq ans traverse la vie de toutes les femmes sur la terre depuis que le monde est monde ? Si les hommes, des débuts de l'humanité à nos jours, étaient partis de ce « mystère » du sang pour l'expliquer et concevoir ainsi certaines façons de penser la femme. De la penser non seulement de la puberté à la ménopause, mais au-delà, de son berceau jusqu'à sa tombe ? Et de ce grand mystère du sang féminin, s'ils avaient en réponse inventé les mythes, conçu les sociétés, continué de transmettre, de siècle en siècle et jusqu'à nos jours, les croyances et les préjugés de tous bords ?

Pour essayer d'éclaircir non pas ce mystère du sang, mais son impact sur les hommes et ce qu'ils en ont fait, il nous faut remonter aux temps immémoriaux. Ces temps du tout début de l'humanité. Et de le redescendre jusqu'à l'aube du troisième millénaire, d'en suivre le tracé, tel un fil conducteur.

Le chemin que nous allons emprunter dans ce chapitre est celui de l'ethnologie. Comme en psychanalyse, il exige cette remontée du temps pour comprendre, mieux cerner, les idéologies qui ont construit, siècle après siècle, l'identité féminine. Pour que vous puissiez vous mettre dans l'ambiance de ces hommes et de ces femmes qui ont vécu des millions d'années en arrière, pensez, si vous l'avez vu, aux images du film de Jean-Jacques Annaud, *La guerre du feu*. Ou imaginez-vous que vous êtes un tout petit enfant qui découvre le monde autour de lui.

Nous voici au début des temps, quand les hommes ont commencé à peupler la terre. À l'époque, il n'y avait encore aucune histoire d'inventée sur la naissance du monde, pas la moindre petite trace de récit mythique pour expliquer aux hommes pourquoi et comment ils étaient venus sur la terre. Rien. Nous sommes dans cet *« Avant* [où] … *il n'y avait pas de commencement, c'est pourquoi Dieu a créé les hommes.* »[1] L'homme et la femme vivent ensemble, en tribu, et s'observent. Ils ne savent pas encore parler et, pour cela, ils n'ont encore imaginé aucune théorie de ce qu'ils voient autour d'eux, le ciel, la terre, les plantes, les animaux. Aucune théorie sur ce qu'ils voient, lui d'elle, elle de lui. Ils sont comme deux très jeunes enfants qui découvriraient leur environnement immédiat et qui l'expérimenteraient, sans préjugés, ni scrupules... Et que voient-ils l'un de l'autre ? D'abord, leur différence physique. Le membre de l'un et ces seins et cette fente de l'autre. Curieux de cette différence, ils vont tenter d'appréhender l'autre, de le comprendre, de l'apprivoiser. Ils s'observent, se reniflent, se touchent, découvrent les larmes, le lait, le sperme et, plus intriguant, ce sang de l'autre qui coule par sa fente, inexplicablement. L'un saigne, l'autre pas. L'un saigne et n'a pas mal, ne crie pas, continue à bouger, à marcher, à manger, à vivre comme si de rien n'était. Il saigne et ne meurt pas ! Pourtant, il devrait mourir ! Quand on tue un animal ou un ennemi, il crie, s'écroule, perd son sang. Mais ce n'est jamais, sauf exception, par cet endroit-là, par cette fente ! Et ce sang-là ne coagule pas. Comme celui des morts ! Et au bout de quelques jours, alors que rien de particulier ne s'est passé, ni du dedans, ni du dehors, il s'arrête doucement de couler, sans que l'autre ait fait quelque chose contre ce phénomène étrange. Plus étonnant encore, ce prodige se répète régulièrement, de nouvelle lune en nouvelle lune ! Le sang coule, puis s'arrête et reprend ... Jusqu'au jour où il ne coule plus, où le ventre de la femme, comble de mystère, se met à grossir, à grossir, grossir... Jusqu'au jour où par la fameuse fente, surgit un petit humain ! Parfois, il a la même différence que l'autre, parfois il est semblable à l'un[2].

---

1. Saint Augustin.
2. Que d'un ventre de femme puisse sortir un être du sexe opposé, restera longtemps une autre énigme à résoudre et les explications qui en sont faites, ne manquent pas d'imagination !

Quand le petit humain est là, le sang se remet à couler et l'histoire de se répéter, entre écoulement et arrêt. Et puis, après de longues, longues lunes, le sang se fait plus rare... et ne revient plus jamais ! Ménopausée, la très, très, très vieille dame, comme nous toutes un jour !

Voilà, la petite histoire de « l'un saigne, l'autre pas » se termine là. Ou plutôt, elle ne fait que commencer ! Car imaginez-vous maintenant comme cette histoire de sang a pu paraître édifiante, voire terrifiante. Non seulement pour l'homme, mais pour la femme aussi, actrice d'un phénomène qu'elle subit !

Et, maintenant, entrons dans le vif du sujet : que vont faire les hommes de toutes ces observations, de toutes ces interrogations sur ce sang mystérieux ? Ils vont tenter de l'expliquer, bien sûr, et par leurs réponses, avec beaucoup d'imagination, chercher à maîtriser ce mystère féminin. Et c'est ainsi que l'Homme « créa » la Femme. Et lui fit un statut. Car c'est bien à partir de là, de ces observations naïves, concrètes, du corps de l'autre et de ses productions[1] que les hommes, qui vont grandir en imitant la nature, vont bâtir des concepts, structurer les sociétés, toutes issues de cette différence entre l'homme et la femme, à la fois si semblable et autre, chacun dans un rôle sexué, défini, pour reproduire l'espèce humaine.

---

1. *Dans toutes les sociétés l'exploitation des productions du corps (sang, sperme, lait, excréments, etc.) a toujours été une constance avec des variations. Sorcières, guérisseurs, devins, etc. en font toujours usage. Et dans notre histoire, le sang définit l'identité féminine et son statut. Comme d'autres sécrétions, le sang est toujours pris « dans le jeu des relations d'opposition et de complémentarité qu'il entretient avec toutes les autres substances. »* Maurice Godelier, *La production des Grands Hommes*, Fayard, 1982, p. 356.

CHAPITRE 20.

Le diktat des mythes : inventer le monde

Mais poursuivons notre descente dans le temps, quelques petits millénaires avant notre ère. L'homme a grandi, il a observé autour de lui, s'interroge, commence à penser. Et ses premières questions sont encore celles d'aujourd'hui : qui a créé l'univers, le monde minéral, végétal, animal et humain ? Pourquoi sommes-nous là et où allons-nous après la mort ?

Mais aussi, de toutes les questions, celle qui nous intéresse de très près : pourquoi l'un saigne et l'autre pas ? Le sang, ce n'est pas un liquide comme les autres ; se vider de son sang, c'est mourir. Et les femmes, on l'a vu, saignent à chaque cycle de lune et ne meurent pas (heureusement pour nous, quelle hécatombe !). Perdre du sang sans souffrir ni mourir, c'est donc divin ? Voire magique ? De la déesse à la sorcière, c'est bien connu, il n'y a qu'un pas, parfois allégrement franchi ! Mais, n'allons pas trop vite ! Pour l'envoyer au bûcher, il faudra attendre encore quelques millénaires. Pour l'heure, et pendant très longtemps, les pires questions et suspicions vont être imaginées. Entre peur et fascination, qu'on se le dise, la femme, parce qu'elle saigne, fait les bébés, ne saigne plus, est un danger, un danger dont il faut se prémunir. Et contre la peur, contre l'étrange étranger, il faut attaquer, c'est humain. Et c'est ainsi que s'est construit un dispositif de défense majeur !

Comment ? Dès le moment où l'homme a pu formuler des pensées, il s'est mis à imaginer des histoires qui le rassurent, d'une certaine façon. Ainsi, beaucoup de mythes de création du monde (cosmogonies) ou la genèse[1] racontent un monde créé par des dieux, organisé selon la parole divine[2], à l'image de l'homme, reflet de ses interrogations et de ses convictions. Et c'est sur ces mythes, et sur ce qu'ils donnent à voir de l'homme et de la femme, que vont s'organiser les sociétés. Et pas n'importe comment. Selon la parole divine rapportée par les hommes, selon l'ordre divin. Un ordre venu de l'invisible et qui met chacun, homme et femme, à la place qui lui est destinée. Dès lors, face à toute pensée, tout acte, tout préjugé irrationnels, si une société fondée sur le sacré perpétue des archaïsmes, se nourrit d'irrationnel, qui peut contredire la parole sacrée ? On croit ou ne croit pas. La réponse est dans un ailleurs infaillible, c'est-à-dire dans le sacré. Et c'est ainsi depuis les origines. De ce ressenti se sont fondées des théories, de ces théories se sont organisées des sociétés, avec des règles sociales, des rites, des traditions qui, toutes, rejouent l'histoire sacrée des origines. Une façon de légitimer l'ordre social, socialiser et, surtout, contrôler les esprits et les hommes, et leurs âmes (pour les sociétés sans dieu).

---

1. *« Les mythes sont des réponses temporaires et locales aux problèmes que posent les ajustements réalisables et les contraintes impossibles à surmonter, et qu'ils s'emploient alors à légitimer ou à voiler. »* Claude Lévi-Strauss, *L'homme nu*, Plon, 1971, p. 561.
2. Mais toutes les sociétés ne sont pas fondées sur des mythologies divines ni sur la peur et la punition divines.

Écoutez, voici un premier mythe de création parmi les très nombreux qui soulèvent les mêmes thèmes : la faute de la Terre-Mère, l'excision et la circoncision, l'inceste, le refus de la femme à la soumission et, comme punition, l'apparition des premières menstrues sur la terre. Ce sang présent ou absent mais toujours porteur de sens et que l'on retrouve à travers tous les âges de la vie.

Comment et pourquoi eut lieu la première coulée de sang menstruel, et le désordre qui s'ensuivit[1]...

C'était au tout début des temps. Il n'y avait pas de Terre, pas d'hommes. Rien. Il fallait tout inventer. Comme il l'avait fait pour créer la galaxie, le dieu Amma prit de la glaise et la lança dans les airs. Ainsi, fut faite la Terre. De cette forme, les membres se séparèrent, comme un fœtus dans la matrice. Et ce fut une femme, posée à plat face au ciel. Une fourmilière devint son sexe, une termitière son clitoris. Mais c'était bien beau d'avoir créé la Terre. Amma, tout seul, finit par s'ennuyer. Il s'approcha de la Terre et c'est alors que se produisit le premier désordre de l'univers : la termitière se soulève, l'empêche de rentrer et dresse son clitoris, élément de sa masculinité. Ainsi, égale à ce sexe étranger, elle refuse de s'unir au dieu Amma. Mais dieu est tout-puissant. Il abattit la termitière rebelle, le clitoris, et malgré le refus de la Terre, s'unit à elle.

Cet incident originel devait marquer à jamais la marche du monde des Dogons. Dieu Amma attendait de cette union des jumeaux, parce qu'il faut toujours une paire pour que l'équilibre soit, symbole de chaque humain, femme et homme, divisé en lui-même. Hélas ! À leur place, naquit un être uni-

---

1. D'après une version du mythe de création des Dogons du Mali, cité par Marcel Griaule, *Dieu d'eau, entretiens avec Ogotemmêli*, Fayard, 1966, p. 14 à 20.

que, *Thos aureus*, le Chacal, ce fils décevant, symbole des difficultés que le dieu Amma venait de vivre avec la Terre. Amma ne pouvait pas en rester là, il fallait absolument mettre au monde des êtres parfaits. D'un autre accouplement, cette fois conçu sans incident dans la matrice terrestre, la Terre ne pouvant plus se défendre, naquirent enfin des génies Nommo. Ce couple de jumeaux représentait l'union parfaite, l'être idéal, d'essence divine, apte à la parole.

Du haut du ciel, un jour, ce Nommo vit sa mère, la Terre, nue et sans parole, une conséquence sans doute de cette première union avec le dieu Amma. Il fallait mettre fin à ce désordre et le Nommo descendit alors sur la Terre. Là, il fit tomber en torsades des fibres tirées de plantes déjà créées dans les régions célestes. Ces plantes symbolisaient les tornades, les tourbillons des vents et des eaux, la marche ondulante des reptiles... Elles étaient surtout porteuses de l'essence divine, imprégnées du Nommo lui-même, maître de l'Eau et de la Parole. Une fois sur la Terre, elles devinrent son vêtement, reliant le haut et le bas, chemin de prédilection de la Parole que le génie voulait révéler à sa mère, la Terre. Au travers de ces fibres gonflées d'eau et de paroles, le Nommo était continuellement présent devant le sexe de sa mère. Une fois vêtue de ces fibres d'essence divine, la Terre eut enfin un langage. Le premier de ce monde, sacré, le plus fruste de tous les temps. Ce vêtement de paroles humides, sans nuance encore, était chargé d'organiser le monde.

Pourtant, il déclencha tout d'abord le désordre. Voici comment : un jour, Chacal, le fils déçu et décevant de dieu, désira posséder à son tour cette Parole. Pour ce faire, il mit sa main à l'intérieur des fibres de la Terre, le vêtement de sa mère. Celle-ci résista, car c'était là un geste incestueux. Et, pour le fuir, elle se transforme en fourmi et s'enfonce dans son propre sein, dans la fourmilière. Mais il n'y avait pas d'autres femmes à désirer dans le monde et le Chacal la poursuivit. Hélas ! Malgré sa fuite, le trou que forait la fourmi n'était jamais assez profond. Et elle dut s'avouer vaincue. De cette première lutte entre les hommes et les femmes, ce fut l'homme qui gagna.

Cet inceste eut deux conséquences terribles. Il donna la parole au Chacal, cette parole qui contenait pour l'éternité les desseins du dieu Amma et devait rester secrète. Mais Chacal trahit son père en la révélant à tous les devins à venir. Enfin, à cause de l'inceste qu'il avait commis, les fibres de la Terre-Mère se teignirent de rouge. Et ce fut, pour la première fois, l'apparition du sang menstruel. De pure, la Terre devint impure. Un état totalement incompatible avec le règne de dieu. Amma repoussa son épouse et décida désormais qu'il créerait à lui tout seul les êtres vivants.

Ainsi, après avoir modelé une matrice dans l'argile humide, il la plaça sur la Terre et, du haut du ciel, la coiffa d'une boulette qu'il jeta dans l'espace. Ce fut le sexe de la femme. Il fit de même pour créer le sexe de l'homme, le posa sur le sol, lança une sphère qui se ficha dessus. Aussitôt, les deux masses se façonnèrent, leur vie se répandit, des membres se séparèrent du noyau, des corps apparurent, et le premier couple d'humain surgit des champs...

Voilà, j'ai fini mon histoire. Les parallèles ne manquent pas et vous avez sans doute décrypté quelques images. La grande leçon de ce mythe, d'abord, et je vais jouer d'ironie, c'est que là où passe la femme, constatez le désordre ! C'est vrai, avouez que la Terre aurait pu être un peu plus compréhensive avec le dieu Amma, admettez que c'est tout à fait ennuyeux de rester comme ça tout seul dans l'univers. Le pauvre, il a été obligé d'employer la force pour poursuivre sa création ! Et non contente de l'avoir poussé à la violence, la Terre se venge en lui donnant un fils non conforme, contraire au bon équilibre de l'univers ! Faut-il s'étonner après que ce fils la viole ? C'est elle la première responsable ! Et la voilà punie, qui souffre et qui saigne, souillée désormais.

L'ennui, c'est que toutes les femmes du monde Dogon et d'ailleurs (à chacun ses mythes !) après elle, pour répéter l'acte sacré, allons devoir parfois être excisées et, irrémédiablement, saigner pendant la moitié de notre vie. Et ce, pour l'éternité, l'offense faite à dieu Amma est trop grande, rien ne pourra jamais la pardonner... Le seul répit qui sera désormais accordé aux femmes sera celui de la grossesse et, plus tard, de la ménopause... moments où cette punition du sang menstruel sera levée.

C'est le même scénario, remarquez bien, pour Adam et Ève. Ils sont au début frère et sœur (une relation qui relève du mystère pour les religieux), et tout aurait toujours bien fonctionné dans ce monde si Ève n'avait pas, comme Chacal, le fils contrefait de la Terre et du dieu Amma, goûté au fruit de la Connaissance ! Voilà qu'elle s'unit à son frère, encore un inceste, et que, par sa faute, le désordre arrive sur la terre. Chassés du paradis, devenus comme vous et moi des êtres mortels, de chair de sang et surtout de désir, Adam et Ève sont désormais condamnés à l'errance, ayant perdu la Connaissance et devant payer la faute originelle. Et nous toutes aussi, derrière Ève, de devoir « subir » les règles et la douleur de l'accouchement.

Nous devrions, femmes, nous sentir coupables après de telles histoires, et l'homme a bien eu raison d'avoir tout organisé pour nous ! Voyez comme nous nous sommes montrées irresponsables ! Je force le trait, mais combien de femmes et d'hommes dans l'Histoire et dans le monde a-t-on pu faire penser de cette façon avec des histoires inventées par les hommes pour les rassurer ?

Mais reprenons notre histoire. Dans ce concept comme dans de nombreux autres mythes de Création, comme je l'ai dit plus haut, tout y est ! La notion d'impureté et le tabou de l'inceste, j'y reviendrai plus loin, la croyance que depuis le début des temps règne une inégalité « naturelle » entre l'homme et la femme (Amma ici est le Créateur et non la Terre), la légitimité de la domination masculine et l'excision de la Terre commise par le refus qu'elle a opposé à Amma. Ainsi, sous couvert de ce mythe et bien d'autres, convaincre tous ceux qui pratiquent encore aujourd'hui l'excision – cent trente millions de petites filles dans le monde – que ce petit organe est dangereux pour tous les hommes (et donc pour la femme) parce qu'il a été capable de semer le désordre. De fait, une fois éliminé, l'ordre social est maintenu[1]. Enfin, l'inégalité sexuelle entre l'homme et la femme, qui par un joli tour de passe-passe, et sous couvert du mythe, semble naturelle. Ce n'est pas une forme de diktat, ça ? Et Claude Lévi-Strauss a bien raison qui dit : *« Il n'y a pas dans le domaine humain d'acte naturel qui ne soit culturel. »* Ou plus simple, rien n'est naturel, tout est culturel.

La folie furieuse de Mousso-Koroni[2]

Voici maintenant un second mythe. Il met en scène les mêmes thèmes, avec quelques variantes cependant qui m'ont semblé pouvoir vous intéresser. Âmes sensibles s'abstenir, ils n'y sont pas allés sur la pointe des pieds !

---

1. Chez les Dogons, à chaque naissance, le petit d'homme répète quelque chose de l'acte primordial tel que le racontent les mythes et les cosmogonies. Ainsi, comme le Nommo, il naît double, à la fois mâle et femelle. Le garçon est femme par son prépuce et la fille mâle par son clitoris. D'où la pratique toujours coutumière de la circoncision et de l'excision : une façon *« de se débarrasser du principe contraire »* et de trouver la complémentarité lors de l'acte sexuel. Des mutilations jugées nécessaires pour ne pas être exclu du groupe et ne pas rester impur... Les choses bougent de l'intérieur mais elles se pratiquent toujours parce *que « si les ancêtres l'ont fait, c'est bien que ce n'était pas mal, sinon pourquoi l'auraient-ils fait ? »* (Femme Dogon). Rappelons enfin que l'excision *« de ce nerf honteux »* était aussi une pratique courante dans nos sociétés européennes jusque dans les années 1900 sous couvert ensuite des diktats de bienveillants médecins hygiénistes européens...

2. Mythe de création des Bambara (peuple Bantou), d'après Germaine Dieterlen, *Essai sur la religion Bambara*, PUF, 1951, p. 64 et 18-19.

Au départ, donc, ils sont deux à régner sur la terre : le créateur, Pemba (graine d'acacia), qui las de sa solitude a créé Mousso-Koroni, l'héroïne, digne d'un conte des frères Grimm, Mousso-Koroni, vieille, sorcière, ogresse. Malgré ce portrait peu flatteur, elle est pure comme son égal, Pemba, à l'image tous les deux de la Terre. Mais au fil du temps, Pemba commence lui aussi, comme Amma, à s'ennuyer et, surtout, voulant s'assurer la domination totale, demande à Mousso-Koroni de le planter en terre ; c'est ainsi qu'il prend racine et devient le premier de tous les arbres. Et qu'il ne se contente plus de la seule Mousso... Pour augmenter sa puissance et sa vitalité, il exige l'amour de toutes les femmes. Mais Mousso refuse le partage. Malgré l'amour total et la fidélité qu'elle lui a promis, elle ne l'approche plus et lui est infidèle. Elle s'isole, arrête de coopérer à l'œuvre de création qu'ils avaient commencé ensemble et se met au contraire à la troubler. Pemba la maudit pour sa trahison. Lorsqu'elle veut revenir à lui, il la chasse. C'est alors qu'elle commence un long périple destructeur. Folle furieuse, elle se mutile lors de rapports sexuels, et les premières menstrues sortent de son corps. Elle fera subir les mêmes violences à tous ceux qu'elle croisera sur son passage, arrachant avec ses ongles et ses dents les clitoris et les prépuces.

Pemba a beau la poursuivre dans tout l'univers pour tenter de reprendre la Connaissance et le pouvoir qu'il lui a donné, c'est en vain. Faro, un autre dieu, la pourchasse à son tour pour tenter de la soumettre à son créateur. Mais elle se déclare libre, continue de fuir, refuse de rendre ce qui lui a été donné à l'origine et poursuit son œuvre de destruction. Tout ce qu'elle touche est taché d'impureté. C'est ainsi que le mal, le malheur et la mort sont introduits dans le monde. Au bout d'une très longue vie de misère et de folie, sans avoir revu la lumière, Mousso meurt dans la détresse et l'abandon. Mais de cette misère devait naître un bien pour les hommes : dans son errance et pour ne pas mourir de faim, elle avait dispensé la Connaissance. Ce fut ainsi qu'elle enseigna aux hommes les premières techniques agricoles, et malgré le mal qu'elle avait aussi semé sur la terre, la vie proliféra…

Quel caractère cette Mousso-Koroni ! Et quelle tristesse aussi cette histoire ! Comme la Terre dans le mythe des Bambara, l'héroïne, par son comportement rebelle, est à l'origine elle aussi de la chute du monde parce qu'elle a refusé de continuer à coopérer à l'œuvre de création selon la volonté de son égal. Comme la Terre-Mère encore, elle est responsable de l'excision mais aussi de la circoncision et de la polygamie[1], elle introduit clairement un concept, et non des moindres, auquel bien des sociétés vont adhérer : cette fameuse notion de pureté et d'impureté. Dans le mythe des Dogons, la Terre aussi était impure dès lors qu'elle avait commis malgré elle l'inceste avec son fils, le Chacal. Mais ici, plus grave, c'est volontairement que dans sa rage et son refus de se soumettre elle sème l'impureté sur la terre, et avec elle la Connaissance qu'elle devait garder secrète (comme Chacal tout à l'heure). Une consolation, et non des moindres : elle donne vie à la terre et, si elle sème le sang sur son passage, elle sème aussi la vie[2].

En attendant, il semble bien que l'image qui lui est donnée ici, celle d'une femme vieille, insoumise, hystérique, impure, incapable de conserver intact ce qui lui a été donné, mais féconde, heureusement… soit encore, hélas, d'actualité !

---

1. Vous remarquerez que dans cette affaire avec la circoncision l'homme n'est pas oublié, l'histoire et moi-même ne sommes pas sexistes, il n'y a aucune raison, Dieu a mis au monde deux humains.
2. *Cf.* Françoise Héritier, *ibidem*, p. 56.

Comment Soleil et Lune ont percé les hommes et les femmes[1]

Pour terminer ce portrait sympathique de la femme à l'aube de l'humanité, voici quelques bribes d'un dernier mythe de création d'une tribu des hautes montagnes de l'intérieur de la Nouvelle-Guinée.

À l'origine, Soleil et Lune se trouvaient confondus avec la Terre. Les hommes, les esprits, les animaux, les végétaux, tous vivaient ensemble et parlaient le même langage. Les hommes, à cette époque, n'étaient pas comme aujourd'hui. Leur pénis n'était pas percé et le vagin des femmes n'était pas ouvert. Les chiens aussi avaient le sexe muré.

Un jour, Soleil et Lune décident de s'élever au-dessus de la Terre et, pour ce faire, poussent le ciel au-dessus d'eux. Mais Soleil, qui était tout en haut, pense qu'il fallait faire quelque chose pour les humains et il ordonne à Lune de redescendre. Elle obéit et s'arrête à la moitié du chemin. À partir de cette séparation de Lune et de Soleil, les animaux vont quitter les hommes pour aller vivre dans la forêt, là où s'en sont allés aussi les esprits, devenus aujourd'hui malfaisants à l'homme. Le langage commun que tous parlaient disparaît aussi. Le temps passe et Soleil se souvient un jour que l'homme et la femme n'étaient pas percés. Il jette une pierre de silex dans le feu. La pierre explose, perce le pénis de l'homme, le vagin de la femme et leurs anus. De nos jours, si Soleil s'approche trop de la Terre, il la brûle et dévaste les jardins. Quant à Lune, si elle descend trop près de nous, elle engloutit tout sous la pluie et les ténèbres, et fait pourrir les récoltes.

---

1. Mythe de création des Baruya (Papouasie, Océanie), d'après Maurice Godelier, *ibidem*, p. 68 et 111-112.

Dans une autre version de ce mythe, le sang menstruel s'échappe pour la première fois du ventre des femmes lorsque Lune, frère cadet de Soleil (selon les versions, Lune est l'épouse du Soleil), perce leur sexe à nouveau et fait se répandre ainsi pour la première fois le sang des menstrues[1].

Vous constaterez une fois de plus, à travers cette nouvelle histoire, que l'élément féminin a disparu des puissances supérieures qui gouvernent l'univers ! Seul, le Soleil, puissance masculine, domine. Mais c'est encore Lune, dans la version du frère cadet de Soleil (les règles sont ici clairement reliées à la lune), qui, perçant une nouvelle fois le sexe des femmes, va provoquer les premières règles et la fécondité des femmes. Au-delà de ces thèmes que vous avez déjà rencontrés plus haut, celui de la pureté et de l'impureté prend toute sa dimension. Ainsi, dans leur vie sociale, quand les Baruya vont reproduire le geste de leur père surnaturel, Soleil, source de chaleur et de vie, ils vont mettre en place un dispositif d'apprentissage à la vie sexuelle et sociale tout à fait particulier : lors de leurs initiations, les jeunes garçons vont vivre pendant dix ans dans une maison des hommes, séparés désormais de tout contact avec leur mère, au sein d'un monde totalement masculin. Des jeunes gens plus âgés, leurs parrains, vont occuper auprès d'eux une fonction de protection, et ce sont eux qui vont prodiguer les soins maternels. Dans cet univers clos d'hommes, c'est à travers des pratiques homosexuelles qu'ils vont être initiés à la sexualité et socialisés. Entre eux, d'aîné à cadet, de génération en génération, « *un flux ininterrompu de semence masculine* (sic !) *est émis par des corps vierges de tout contact avec les femmes* ».[1] Et ce, tant que les

---

1. Maurice Godelier, « Machine ventriloque », Entretien réalisé par C. Alberti et M.-J. Sauret, pp. 197-218, *Les énigmes du masculin*, n° 4, éditions Barca, mai 1995, p. 202-203.

jeunes garçons n'auront pas acquis toute leur force virile. Cette homosexualité est partie intégrante du dispositif de la domination d'un sexe sur l'autre, des hommes sur les femmes[1].

Une telle pratique est la conséquence de Lune, vous l'avez bien compris. Mais pourquoi ? Parce qu'elle s'est arrêtée à mi-chemin quand le Soleil lui a demandé de descendre sur la terre et ainsi a créé le désordre ? Parce qu'elle a fait couler le sang des femmes ? Parce qu'elle était, dans une des versions du mythe, le frère cadet et non l'épouse de Soleil, et nous aurions là un nouvel inceste[2] ?

Quoi qu'il en soit, le diktat est là et vous en conviendrez, à travers ces trois mythes : qu'il s'agisse de cosmogonies africaines, océaniennes ou d'ailleurs, la femme est dans la majorité des cas un être fondamentalement dangereux dont il faut se prémunir et se défendre. Non seulement pour les hommes, mais aussi pour elles, qui saignent inexplicablement à chaque nouvelle lune, dont le ventre grossit, d'où sortent aussi des garçons, et qui au bout de nombreuses lunes n'ont soudain plus jamais de sang ! Et plus de petits d'homme… De bonnes raisons pour l'homme de devoir lui faire entendre raison, non ?

Ce qui est remarquable, à travers ces trois exemples de mythes de création, c'est cette constance du sang menstruel à l'origine du monde, qui apparaît toujours comme une punition et une leçon de vie. À croire que pour composer certains récits mythiques[3], d'un continent à l'autre, les hom-

---

1. D'après Maurice Godelier, « Machine ventriloque », *op. cit.*, p. 202.
2. Maurice Godelier dit que les Baruya ne lui ont jamais donné de réponse à cette question mais que la version la plus répandue est celle qui fait de Lune l'épouse, celle du frère cadet n'étant connue que des chamanes et des hommes responsables des rituels…
3. Tous ne sont évidemment pas fondés sur des violences mythiques.

mes se sont passé le mot ! Ou bien la télépathie était-elle au tout début de l'humanité un pouvoir magique largement répandu ? Quoi qu'il en soit, derrière le message, le procédé est toujours le même depuis des temps immémoriaux : on inculque des présupposés à partir d'observations du corps humain et de ses sécrétions (et ce sang mystérieux a de quoi inquiéter...). On le relie alors à une faute, une transgression de la femme, coupable d'effrayer malgré elle, on construit, *via* la voie sacrée, une idéologie apparemment infaillible, on affirme que Dieu l'a fait, Dieu l'a dit, et le tour est joué ! Histoire de bien définir un ordre des choses et de ne plus s'en extraire (« la peur du changement », vous connaissez ?). Et d'opposer l'ordre au désordre.

Femme, tenue à distance et isolée, objet d'interrogation du sujet masculin par ses différences anatomiques et physiologiques. Par ses seins, sa fente, et son sang, ce fil conducteur, donneur de vie, et que l'on retrouvera à travers tous les âges de vie dans les discours de l'homme. De l'enfant vierge, nubile, puis grandie à travers des rites initiatiques qui répètent inlassablement ces actes mythiques jusqu'à la ménopause, elle est l'objet de ce discours vieux de millénaires – et jamais le sujet qui construit le discours –, « l'objet » que l'on excise, que l'on incise, que l'on perce (nez, oreilles, lèvres, sexe...). Objet d'un discours érigé en statut social, en identité, dite « l'éternel féminin ».

Et universellement, dès l'enfance, par ces mythes, par les contes, par la tradition nourrie des mythes, par les gestes du quotidien, par le discours scientifique aussi, qui, pour s'affirmer, s'inspire du sacré, on nous inculque des idées, des certitudes, qui deviennent croyances, puis vérité éternelle, auxquelles l'homme, et la femme, un comble, avec lui, malgré eux, finissent par adhérer. Quand on sait que, sur tous ces millénaires, les conceptions scientifiques qui ont pénétré les diverses sociétés *« n'ont pratiquement qu'un rôle minime dans le développement des formes d'organisa-*

tion de la société, dans l'évolution de l'humanité »[1], on peut
ne pas s'étonner alors qu'aujourd'hui, alors que le monde a
tant changé, les mentalités, elles, stagnent encore. Et que,
paraît-il, oui, à cinquante ans, on est fini ! D'autant que, et
c'est là le cœur de notre sujet, aucune cosmogonie ne traite
de cette fameuse ménopause (même les ethnologues ont
boudé cet âge de vie ! Mais depuis l'an 2000 ça bouge et ça
colloque sur le sujet !). Si dans les rituels et les traditions la
femme ménopausée a toute sa place dans un destin où
l'horloge biologique dicte ses droits, les interdits et les pouvoirs de cette femme qui change de statut… aucun dieu,
aucun mythe de création (à notre connaissance) ne contient
quelque histoire sur l'arrêt de ce sang, une fois ses devoirs
de femme remplis.

Et si on en inventait un, nous, de mythe de création ? Un où
nous ne serions pas responsables de la faute originelle ? Ni
l'objet de violence mythique ? Un où la femme aurait trouvé
place dans le respect mutuel de chacun des deux sexes.

---

1. D'après Maurice Godelier, « Machine ventriloque », *op. cit.*, p. 203.

CHAPITRE 21.

Quand la théorie s'en mêle...

La première : « La femme est froide, l'homme est chaud ! »

De l'observation à la pensée, de la pensée à la théorie, la petite histoire du sang continue... Un saut dans l'Antiquité maintenant. Savez-vous mesdames que de perdre votre sang de la sorte, c'est dangereux ? Non seulement pour votre santé, mais aussi pour votre entourage qui s'en effraie beaucoup ? Quelle explication donner ? Rassurez-vous : les savants viennent à votre secours et construisent les premières théories, comme vous l'avez vu au chapitre 3 de ce livre, « La ménopause : pas de quoi en faire une maladie » : voici d'abord Hippocrate (Ve siècle av. J.-C.). Selon lui, l'utérus de la femme est non seulement mobile mais il sert de cerveau : *« La tête des femmes est vide de substance spermatique »*[1] Et plus loin : *« Le corps des femmes est caractérisé par ce vide essentiel qui autorise les déplacements des organes. »*

---

1. Cité par Françoise Héritier, *Masculin/Féminin*, t. II, *Dissoudre la hiérarchie*, Odile Jacob, 2002, p. 36.

Et les siècles eurent beau passer, et les découvertes scientifiques avec eux, cette idée séduisante, d'une théorie humorale et de sécrétions humaines, va être allégrement reprise par le romantisme. Et confirmée doctement par les disciples tardifs d'Hippocrate : « *Le sang congestionne la matrice des jeunes vierges et s'élance vers le cœur et le diaphragme qu'il étreint. Le sang s'étrangle dans une matrice erratique, car la bouche de la matrice est à la bouche ce que le col de la matrice est au cou.* »[1] Vous saisissez ? « *La tête féminine dépourvue de semence n'est* (alors) *qu'un ventre.* »[2] Vous comprendrez qu'avec une telle constitution, l'école nous était bien inutile !

Et ça continue ! Un siècle après, le grand Aristote (IVe siècle av. J.-C.) et Galien après lui (IIIe siècle av. J.-C.) s'y mettent aussi : « *Pour comprendre la nature, il faut en connaître ses principes* »[3], dit Aristote. La nature, c'est vous, c'est moi. Quant aux principes, c'est toujours cette fameuse histoire de « l'un saigne, l'autre pas », on n'en sort pas ! Lesquels principes sont d'abord, vous l'avez compris, nourris de mythes. C'est donc en toute objectivité, n'est-ce pas, sans aucun préjugé, qu'il affirme que la femme est froide et que l'homme est chaud. Le sang, c'est la mort, et si la femme perd son sang, c'est qu'elle a quelque chose à voir avec la mort. Une déduction qui fait toujours partie de la « théorie des humeurs » fondée sur les oppositions : chaud/froid, sec/humide, masculin/féminin. Voici, partant de là, et expliquée par Aristote lui-même, une infime partie du raisonnement : « *La nature imparfaite des femmes provient de leur froideur, manifestée par les pertes du sang, lequel est porteur de la chaleur de la vie.* » Et encore : « *La faiblesse inhérente à la constitution féminine par son humidité et sa froideur est due*

---

1. *Ibidem*, p. 36.
2. *Ibidem*. Ce n'est pas curieux, ça, que le mot « hystérique » vienne d'« utérus » ?
3. *Ibidem*, p. 50.

aux pertes de substance sanguine que les femmes subissent régulièrement sans pouvoir s'y opposer ni freiner le cours des choses. »[1]

Ne me demandez pas comment ils en sont arrivés là, le raisonnement est aussi complexe que le problème posé ! Une chose est sûre, il suffisait d'y penser et d'avaliser le précepte sous couvert de la science ! Et dans l'histoire des hommes, pour mieux faire passer les diktats, hélas, les recherches ont souvent servi aux théories sociales, et ces théories sociales transformées et utilisées selon les besoins de la cause (rappelez-vous le nazisme !) ! Ainsi, jusqu'au XIXe siècle, on continuera à s'inspirer de ces théories humorales. Après la parole des dieux et des héros des mythes de création, suivis toujours de près par le corps religieux et les guides spirituels en tous genres, même le corps médical dans toute sa puissance ne manquera pas de prendre le relais... L'idée dominante avait sûrement de quoi séduire ! De siècle en siècle, ces théories n'en finissent jamais de traverser les pensées, d'influencer les mentalités, jusqu'à devenir des vérités : telle celle-ci de Pline l'Ancien, un siècle avant J.-C., et que l'on entend encore aujourd'hui : *« Les menstrues sont un fléau dont il faudra protéger toute la nature car la femme menstruée tue les abeilles, [...] si elle touche le vin, il devient du vinaigre. »*

Mais on ne peut pas toujours tout tabler sur la physiologie. Il arrive que les arguments s'épuisent. Alors, on en prend un dernier : regardez la nature, dans le monde animal le mâle domine généralement la femelle, non ? Et nous descendons bien du singe ? *No comment.*

Qu'à cela ne tienne ! Mais la question demeure : pourquoi, malgré tout ce que la science nous offre aujourd'hui d'explications rationnelles, ces idéologies continuent-elles à traver-

---

1. *Masculin/Féminin*, t. I, *La pensée de la différence*, Odile Jacob, 1996, p. 26.

ser le temps ? Sans qu'il y ait eu alors le moindre petit portable, la moindre connexion internet ? Pourquoi ces idées insensées peuvent-elles toujours parler aux hommes ? Et aux femmes !

La psychanalyse en donne quelques explications. Le sang, c'est la vie, mais c'est aussi la mort. Et rien n'est plus insupportable, angoissant, que cette idée de la mort. Est-ce pour cela que les hommes ont fait de nos règles quelque chose de redoutable, de mortel, de foudroyant ? En attendant, il faut bien vivre, et cet instinct-là a une sacrée force ! Si moi, l'homme, je veux recevoir et donner de l'amour à cet autre, mon semblable et mon différent, lui qui saigne et ne saigne plus inexplicablement, si je veux que nous ayons ensemble des bébés pour que la vie se poursuive, il me faut rester à ses côtés, demeurer dans cette logique biologique et sociale que l'on m'a imposée, à moi aussi. Et puis cet humain qui saigne est aussi quelque part mon double : nous avons la même origine mythique, nous sommes venus d'un même ventre maternel. Lui, mon double modifié, mon différent et qui peut devenir tellement inquiétant quand il saigne, comme s'il était alors un signe « avant-coureur de la mort »[1]. Ce double qui devient quand il saigne et ne saigne plus « une image d'épouvante, de la même façon que les dieux deviennent des démons après que leur religion s'est écroulée »[2].

Et à propos d'image démoniaque et des capacités du sang des femmes, cette croyance, incroyable !, de l'an 1564 : *« Faire promener une femme à pieds nus en sa mâle semaine, le sein ouvert et toute déchevelée, trois fois autour des carreaux et allées de la haie (…) cela fait, on verra tomber la*

1. Sigmund Freud, *L'inquiétante étrangeté et autres essais*, traduction nouvelle, Gallimard, 1985, p. 237.
2. Sigmund Freud, « Heine, les dieux en exil », *in L'inquiétante étrangeté et autres essais*, *op. cit.*, p. 239.

chenille en terre (...) mais cependant il se faut donner garde que cela ne se fasse à soleil levant parce que tout se flétrirait dans le jardin. »[1] Que de pouvoirs !

La seconde : elle est non seulement froide, mais impure !

Et voilà comment nous sommes responsables du désordre qui règne sur la terre ! Mais comment nous en vouloir totalement ? Notre cerveau n'est qu'un utérus, et ce sang qui coule inexplicablement nous rend froides et faibles. Alors que les hommes, par opposition, c'est tout vu, sont chauds et forts. Bien sûr, avec une telle constitution à l'origine, comment peut-on nous faire confiance pour organiser le monde ? Mais ce pouvoir de mettre au monde des petits du sexe opposé tout de même... On a beau y réfléchir, il y a vraiment quelque chose du diable là-dessous. De la mort !

Nous sommes mystérieuses, effrayantes, régulièrement, à chaque nouvelle lune. L'ennui, c'est que nous peuplons la terre, il faut faire avec. Et comment ? Par quels moyens peut-on conserver le bon côté des choses et écarter le mauvais, ce sang inexplicable. Qui prend la vie. Qui souille. Qui sent la pourriture. Les *Lobi* du Burkina Faso, par exemple, placent toujours la femme réglée *« dans l'univers de la pourriture»* et *« d'objet non consommable, sexuellement parlant... »*[2] L'histoire poursuit son cours...

Car qui sait ce qui peut arriver ? Nous menaçons la communauté tout entière et son ordre social. Et nous mettons, c'est

---

1. Information récoltée par un dénommé Columelle. Charles Estienne et Jean Liebault, *L'agriculture et la maison rustique*, Rouen, Louis Maurry (1564 1re édit.), 1666, p. 302, *in* Colette Méchin, *Bêtes à manger. Usages alimentaires des Français*, Presses universitaires de Nancy, 1992, p. 169.
2. Françoise Loux, *Traditions et soins d'aujourd'hui*, InterÉditions, 1983, p. 145.

© Eyrolles

sûr, la virilité des hommes en péril quand nous saignons comme cela, inexplicablement, menaçant même sa descendance. Quand le sang s'arrête, c'est un vrai répit. La vie reprend, comme si de rien n'était. Nous ne faisons plus peur, on peut même nous aimer. Nous sommes pures alors, comme les jeunes filles impubères qui n'ont pas encore subi la même malédiction que nous dans ce temps cyclique. Ou comme les vieilles femmes dont le sang ne coule plus, elles aussi. Mais pendant ce temps du sang, quand nous devenons impures, que faire de nous ; comment se prémunir de la peur que nous provoquons ? En nous maintenant à l'écart, c'est normal, non ? Y'a pas mort d'homme, mais presque ! Mais pourquoi aussi sommes-nous rentrées dans ce jeu ? Pour que cette histoire tourne il fallait bien être deux !

Et c'est comme ça, sous couvert du naturel ou du sacré, que notre vie en période de règles va être ponctuée d'interdits et de règles de conduite, tant sur le plan de la vie quotidienne, domestique, que sur celui du social. La maison, la nourriture, les repas, les voisins et les copains, la toilette et même le sexe… tout est pensé pour nous, rien ne sera laissé au hasard. C'est la faute à la Terre ou à Mousso-Koroni, ou à Lune, ou à toutes celles qui ont créé un sacré désordre en ayant leurs règles pour la première fois sur la terre ! Et, bien sûr, l'homme n'y est pour rien ! Il ne fait qu'obéir à la parole divine, rejouée par les rites qui répètent le mythe des origines. Il n'est, et on l'en a bien persuadé lui aussi, que le serviteur et le disciple des maîtres à penser. Tout ça est naturel, vous l'admettrez ? Alors ces notions de pureté et d'impureté vont se faire plus précises, plus complexes, comme allant de soi. Une façon encore de confirmer la différence entre l'homme et la femme. Et en classant chacun dans deux camps bien distincts. Diviser pour mieux régner, vous connaissez ? De fait, homme comme femme, chacun s'y retrouve, sait à quelle communauté il appartient, peut, bien cadré par les lois venues du divin, transmettre ses codes et ses règles, et ce, de génération en génération. Pour « ... *protéger l'homme de tout ce qui le dépasse et notamment... corriger l'impureté qui les menace* »[1].

Vous l'avez vu plus haut, le corps humain est fascinant ! Il est le lieu privilégié de tous les fantasmes, de toutes les expériences, de tous les concepts, du divin à la médecine de pointe ! Et le sang des règles, comme le sperme, parce qu'ils touchent au sexe (nous y voilà !) et à la reproduction (ça rassure !), mais aussi à l'impuissance et à la stérilité (le mauvais côté des choses...) constitue l'un des champs symboliques les plus marqués, voire le plus grand. À la fois idéalisée et/ou diabolisé : « ... *si les hommes voyaient tout ce qui est sous la peau [...] cette grâce féminine n'est que saburre, sang, humeur, fiel...* », s'écrie Odon de Cluny dans son homélie ! Ne nous étonnons pas après, Mesdames, sans parler d'excision ou autres mutilations pour ne pas faire désordre, que l'on nous couvre encore les cheveux (nous sommes tentantes que diable !) ou que nous devions nous purifier après avoir saigné... Même si, leçon de bonne conduite oblige, certaines parmi nous sont tout à fait consentantes.

Ceci est mon corps, ceci est mon sang... Laissez-le moi !

Et les religions vont s'emparer de nous, impures que nous sommes ! Pour ce faire, elles vont utiliser ce qui était déjà en place dans le monde sacré. Et, notamment, les théories sur l'impureté. Elles sont toutes prêtes, portées de siècle en siècle, alors pourquoi systématiquement tout remettre en question, n'est-ce pas ? On comprend dans ces conditions qu'il

---

1. Jean Cazeneuve, *Sociologie du rite*, PUF, 1971, p. 35. Les rites ont pour objectif « *de servir à réparer une impureté, à affirmer une claire distinction entre l'impur et le pur, le profane et le sacré* ». (Julien Bauer, *La nourriture casher*, PUF, Que sais-je ?, 1996, p. 4.)

n'existe pas ou plus de déesse dans les religions des descendants d'Abraham, ni même de femme « *au sommet de l'édifice religieux* »[1]. Le christianisme, en regard du judaïsme, de l'islam ou de l'hindouisme, est très pudique sur cette question de l'impureté des règles et ne nous écartera pas de la vie quotidienne pendant nos périodes d'impureté : « *la Vierge Marie est une femme arrachée à son destin humain par la grâce de Dieu* »[2] (avatar des grandes déesses d'avant J.-C.). Ce qui n'empêchera pas l'Église d'avoir son avis sur la question et de multiplier les mises en garde. En voici une, datée de l'ère féodale : « L'imbecellitas sexus *rend la femme plus accessible au Mal, la Chute en témoigne : elle est porteuse de la souillure du sang qui coule d'elle ; elle est le tabernacle de la Tentation et, si c'est là une volonté du Créateur de la placer aux côtés de ses créatures, celle qui en est à la fois le double et le négatif, il importe de veiller avec acuité à la bonne tenue d'un être si flexible et si dangereux.* »[3]

Vous voyez comme les mythes, mine de rien, ont la vie dure ? Enfin, et tout sera plus clair : « *C'est toujours la femme humaine qui est valorisée car c'est une femme qui doit permettre l'incarnation de Dieu.* »[4] D'où la nécessité de faire une distinction précise entre l'impur et le pur[5], le profane et le sacré, afin que l'homme puisse encore s'unir à Dieu[6].

---

1. et 2. Maurice Godelier, « Machine ventriloque », *op. cit.*, p. 200.
3. Robert Fossier, sous la dir., André. Burguière, Christiane Klapisch-Zuber, Martine Segalen, Françoise Zonabend et Jacques Goody, *Histoire de la famille*, t. 1, Armand Colin, Livre de poche, 1981, p. 3
4. Maurice Godelier, « Machine ventriloque », *op. cit.*
5. Comme dit si justement Mary Douglas, « *purifier au sens social veut dire supprimer la pollution ou les souillures qui se sont accumulées, retourner à un état originel pur* », p. 10. (Mary Douglas, « La pureté du corps », *Un corps pur*, revue ethnologique *Terrain*, n° 31, Éditions du patrimoine, Paris, 1998, p. 5-12.
6. D'après Julien Bauer, *La nourriture cacher*, PUF, Que sais-je ?, 1996, p. 4. « *Les rites servent aussi à « rapprocher l'homme du divin en fournissant un conduit qui permet à l'homme de s'unir à Dieu.* »

Allez, démonstration ! Pour ne pas être pollué par ce sang lors de rapports sexuels, l'homme a fait preuve de pas mal d'imagination. Voici quelques brefs passages de règles de bonne conduite, issus de rituels traditionnels ou de textes sacrés (et ceci ne retire rien à la foi que l'on peut d'autre part partager !).

La hutte et la case d'isolation tu garderas ! Pour éviter toute contagion, ces huttes ou ces cases sont installées à la lisière du village, le plus loin possible des chemins et du reste des humains. Accompagnées par des rituels pendant leur réclusion, les femmes réglées, ou tout juste accouchées, attendent à l'intérieur la fin des écoulements. On ne les laisse tout de même pas mourir de faim, d'autant que le phénomène fatigue un peu ! Des matrones âgées, vieillards ou enfants, celles ou ceux dont le sang noir et mauvais ne coule plus, ou pas encore, leur apportent la nourriture et d'autres menus services. Parce qu'elles sont bien évidemment interdites de toucher la nourriture et de faire la cuisine, « *cette autre fonction féminine par excellence en liaison [...] avec cette autre manière de donner et d'entretenir la vie* »[1]. *Reste toujours l'issue de vivre là où* « (...) *l'horreur du sang, et particulièrement du sang menstruel, n'est pas universelle* »[2] ! Chez les Indiens Mohaves, par exemple. Nous en parlerons bientôt.

Tout objet posé sur le sol te garderas de l'enjamber ! Dans la vie quotidienne des femmes Baruya (vous vous rappelez de l'histoire de Soleil et de Lune ?), les femmes, cette fois qu'elles soient réglées ou non, doivent éviter d'enjamber tout objet étendu sur le sol. « *Sous aucun prétexte, et sous*

---

1. Pierre Erny, *Les premiers pas de la vie de l'enfant d'Afrique noire. Naissance et première enfance*, L'Harmattan, 1988, p. 65.
2. Claude Lévi-Strauss, *L'homme nu, op. cit.*, p. 25.

peine de mort, elle ne doit enjamber le foyer, même éteint, de la maison. Son sexe s'ouvrirait et polluerait le lieu où elle cuit la nourriture qui va à la bouche de l'homme. »[1] **Un petit rappel de la loi.** À propos des interdits matrimoniaux et sexuels : *« [...] Je suis Yahvé, votre Dieu ! Vous observerez mes ordonnances et mes règles, que l'homme doit exécuter pour en vivre (...)* »[2] Et encore : *« Tu ne t'approcheras pas d'une femme qui est dans la souillure de son impureté, pour découvrir sa nudité.* »[3] Mais aussi, à propos de ce fameux sang, après l'interdit de l'adultère et de la zoophilie : *« Il y a danger à mélanger les humeurs identiques de deux frères ou de deux sœurs, et ce danger est accru par la présence du sang.* »[4] De fait, *« inceste et autres impuretés sexuelles sont toutes désignées par le même mot :* zimat, *qui signifie, crime* »[5].

Vive les lits jumeaux ! Dans les traditions juive, musulmane et hindoue, on est prié de quitter le lit conjugal quand on est réglée. Les lits jumeaux peuvent régler (*sic* !) le problème, chacun chez soi, et vive le confort ! Sinon, un petit lit spécialement dédié fera l'affaire. Un dispositif qui dure jusqu'à la ménopause où, redevenue « pure » (enfin dans ce contexte !), on pourra rapatrier pour de bon le lit conjugal.

Moins confortables, les huttes de malédiction... Venus du nord de l'Éthiopie, les *Beta Israël*, connus sous le nom de *Falashas*[6], vivent selon les strictes injonctions du Lévitique et se définissent comme les « plus purs des Juifs ». Lors de leurs règles, les femmes *falashas* sont reléguées durant

---

1. Maurice Godelier, *La production des Grands Hommes, op. cit.*, p. 103.
2. Lévitique (chapitres 17,10-18,11).
3. Lévitique (chapitres 18,12-18-30, verset 19).
4. Françoise Héritier, *Les deux sœurs et leur mère*, Odile Jacob, 1994, p. 331-332.
5. *Ibidem*, p. 332.
6. Immigrés dans les années quatre-vingt.

© Eyrolles

sept jours dans des lieux de résidence spéciaux, *mergem gojo*, des « huttes de malédiction ». La fin de la période d'impureté est marquée par une immersion rituelle dans la rivière, un nettoyage minutieux des vêtements, afin de s'assurer que la femme *irkus*, impure, ne contamine pas les autres. Toucher un membre d'une autre communauté est risqué : « Les femmes des *Amhara* ne s'isolent pas pendant leurs règles, ils peuvent donc être impurs, c'est pour ça que nous ne les touchons pas »[1], dit un *Beta* Israëlien.

Immersion purificatrice. Dans la tradition juive[2], la femme après ses règles prendra un bain puis ira immerger tout son corps dans un bain rituel, le *mikvé*, sous le regard et le contrôle d'une femme juive (chaque synagogue possède un *mikvé*). Quant à la femme musulmane, elle ira se purifier au hammam.

---

1. D'après une enquête menée en 1998 par Tanya Schwarz, « "Les plus purs des Juifs". D'Éthiopie en Israël, l'évolution des rituels de purification *falashas* », *in Un corps pur,* Revue *Terrain*, n° 31, *op. cit.*, p. 48. Pendant leur réclusion, elles sont chargées d'accueillir les femmes qui viennent d'accoucher, considérées comme dangereuses par le sang et autres humeurs perdues pendant l'accouchement. Si c'est un garçon, la femme *falasha* restera en réclusion pendant quarante jours, si c'est une fille, quatre-vingts jours, durée de l'exclusion réelle et chiffre symbolique d'une double « faute », celle d'avoir mis une fille au monde.

2. Cette notion d'impureté ne concerne pas seulement les femmes. On sépare aussi les objets et les animaux. Dans la tradition juive, il est de coutume d'avoir deux vaisselles (voire trois pour *Pessah*, la Pâques juive), afin de ne pas mélanger viandes et laitages : sang et lait ne se mélangent pas. Dans la Torah, cette phrase est citée trois fois : « *Tu ne feras pas cuire un chevreau dans le lait de sa mère.* » Partant du principe que « *l'âme de toute chair, c'est son sang* » (Lévitique XVII.14), ce mélange pourrait être détonant parce qu'on ne mélange pas le sang de celle qui a pu t'allaiter : quelque chose d'un possible inceste (lait et sang) se trame là. Dans le Deutéronome XIV, il est précisé au verset 3 : « *Tu ne mangeras rien d'abominable !* » Au verset 8, vous ne mangerez « *ni le porc, car il a bien l'ongle fendu, mais il ne rumine pas : il sera impur pour vous* ». Au verset 3 : « *Le pied fourchu et la rumination symbolisent la distinction entre le bien et le mal... Quand l'une ou l'autre fait défaut, alors l'homme est impur.* »

CHAPITRE 22

Le cycle de vie : du pur à l'impur

Petite fille et femme mûre, même combat !

Qu'en pensent d'autres sociétés ? Les injonctions culturelles sont variables mais pas toujours aussi positives que nous le donnent à lire des ouvrages féministes, anthropologiques ou autres... Ailleurs, c'est toujours mieux !

Petite fille et femme mûre, même combat ! Y avez-vous songé ? Petite fille, vous échappiez à la souillure du sang, vous étiez inféconde mais pure[1]. Femme, vous oscillez régulièrement entre pureté et impureté, mais vous mettez la vie au monde, un pouvoir quasi magique. Dame mûre et jusqu'à votre mort, vous voilà revenue au même stade que celui que vous aviez quitté, plus de trente-cinq ans auparavant, inféconde mais « pure » puisque ce sang impur ne

---

1. « *De tout temps, l'image du corps de la fillette et de l'adolescente est celle d'un corps chaste et vierge, un corps pur et innocent comme elle doit l'être elle-même...* » Viviane Clarac et Nicole Bonnin, *De la honte à la colère*, Les Publications anonymes, Poitiers, 1985, p. 119.

coule plus, c'est logique ! Ainsi va le cycle de la vie d'une femme, ce qui rythme et limite le temps biologique de la fécondité. Avec cette évidence, ce sang que l'on voit, de la puberté jusqu'à la ménopause[1].

Cette histoire d'impureté et de pureté n'est pourtant pas si simple ! Car petite fille ou femme mûre, êtes-vous vraiment « pures » ? N'y aurait-il pas encore en vous quelques résidus de substances maléfiques ? Il faut toujours chercher la petite bête ! Et sinon, même une bonne fois pour toutes purifiées, ne sommes-nous pas encore un petit peu dangereuses ? Écoutons encore une fois Aristote. Vous vous souvenez, la théorie des humeurs, les hommes sont chauds, les femmes sont froides ? Nous sommes froides parce que nous perdons notre sang, ce qui nous affaiblit, nous met en danger, et, par voie de conséquence, nous mettons aussi les hommes en danger. Mais si, impubères ou ménopausées, nous ne perdons pas ou plus notre sang, nous sommes donc enfin devenus chaudes, comme les hommes[2] ? Hé oui ! Aristote nous l'assure : *« Les femmes ne sont chaudes que pendant les périodes extrêmes de leur vie, [...], ainsi, enfance, adolescence prépubertaire, et temps de la ménopause mais aussi temps de la grossesse. »*[3]

Et ne sommes-nous pas dangereuses alors quand nous sommes « pures » ? Hé si ! *« [...] La fille impubère est dangereuse parce qu'elle n'a pas perdu sa chaleur, la femme ménopausée l'est parce qu'elle ne la perd plus [...] »*[4] Et comme elle

---

1. D'après Jacqueline Schaeffer, « Fin du maternel, enfin le féminin ? », p. 190 *in* Pascale Bélot-Fourcade et Diane Winaver, *in La ménopause. Regards croisés entre gynécologues et psychanalystes*, Érès, coll. « Point hors ligne », 2004, p. 185-194.
2. Clin d'œil : si je poursuis la démonstration, ça voudrait dire que les hommes sont toujours purs ?
3. Cité par Françoise Héritier, *Masculin/Féminin*, t. II, *Dissoudre la hiérarchie, op. cit.*, p. 51.
4. *Ibidem*, p. 50-51.

© Eyrolles

ne la perd plus, elle accumule cette chaleur, qui ne peut plus être évacuée par les règles ni être utilisée pour faire les bébés, ce qui veut tout simplement dire qu'elle ne sera plus jamais pure ! Et ce n'est pas fini, maintenant il faut avoir recours à d'autres histoires pour lui poser d'autres interdits et, en échange, d'autres droits, et surtout penser à protéger les hommes de ses nouveaux pouvoirs de femme ménopausée... On n'en sort décidément pas ! Dominées par le privilège de faire les bébés mais aussi par l'impossibilité d'en faire ! Et ce sang, absent/présent/absent et même mort, on le fait agir[1] ! *« Une femme qui n'a jamais eu de règles de sa vie est appelée une "nyesène". Une fois morte et enterrée, elle peut provoquée l'arrêt de la pluie ».*[2]

Maturité oblige : un nouveau statut social !

Pour les sociétés traditionnelles, sur le plan de la physiologie et de la culture, les règles, ou plutôt l'absence de règles, vont relier ces deux âges, l'enfance et la ménopause[3].

---

1. Nous sommes bien dans une affaire de *« représentation métaphysique de la pureté et donc de ce qui va à son encontre : l'impureté due au sang menstruel... et le grand âge confère à la femme un autre statut social qui oscille entre ouvertures et restrictions... ».* (D. Vogeleisen, « Conception du vieux et de l'enfant en milieu traditionnel », p. 72, *in Relations entre les générations,* (sous la dir. Bernard Kaempf), Strasbourg, Oberlin, 2001, p. 55 à 75.

2. D'après Françoise Héritier, t. I, *La pensée de la différence,* p. 126.

3. Petite précision pour ne pas vous offusquer : lorsqu'apparaît le mot « vieille », sachez que dans les sociétés traditionnelles on ne parle pas de femme de cinquante ans ni de femme ménopausée car on ne pense pas pareil. Ainsi on ne parle pas d'âge en nombre d'années, mais d'âges sociaux : une femme est alors une vieille dès qu'elle n'est plus en capacité de féconder, changeant alors de rang social. Il en est de même à la naissance de petits-enfants (selon les sociétés). De plus, dans les sociétés traditionnelles, l'âge moyen de la ménopause est de quarante-deux ans (par exemple, chez les Mayas) et on se marie à quinze ans ; autrement dit les grands-mères ont entre trente-cinq et quarante ans, donc les vieilles ne sont pas des vieillardes.

C'est lorsque leurs règles arrivent que les fillettes acquièrent un statut social, passant ainsi de l'enfance à l'âge adulte. Cette puberté physique est aussi une puberté sociale. Elle s'accompagne alors de rites de passage. Quant aux femmes mûres, notre sujet de prédilection, elles changent elles aussi de statut, voire de sexe ! On pourrait dire qu'en changeant de statut, la femme change de sexe[1]. C'est ce qui va se passer et ce passage d'un statut à l'autre, variable selon les sociétés, est marqué généralement lui aussi par des rituels. La femme change aux yeux de tous de statut, elle est alors officiellement investie d'un autre rôle : admise dans le monde des hommes, elle exercera ses savoirs dans le monde économique, juridique, social, spirituel, ou dans celui de la divination, de la magie, des guérisseurs, de l'initiation sexuelle, etc. Là encore, c'est simple, globalement tout ce qui lui était interdit avant, lorsqu'elle perdait son sang, lui est à présent permis. C'est de la magie sociale... Mais ne rêvons pas trop, elle reste soumise à des interdits, notamment sexuels, (sauf rares exceptions). Eh oui, il faut bien la tenir par un bout, mais l'homme a à nouveau tout prévu, comme il se doit ! Cette nouvelle femme, reconnue de tous, va désormais vivre entre des interdits levés et de nouveaux droits.

À la place d'un homme ou d'une sorcière. Chez les *Lemba*, par exemple, après la ménopause, libérée de la maternité et des nombreux tabous féminins sur les règles, *« une femme est souvent intégrée dans le circuit masculin [...]. Elle prend la place dans la case à droite, côté réservé aux hommes et interdite aux jeunes femmes fécondes. »*[2] Des fonctions

---

1. En 1949, Simone de Beauvoir parlait d'un troisième sexe et écrivait : « *Elles ne sont pas des mâles mais elles ne sont plus des femelles.* » Simone de Beauvoir, *Le deuxième sexe*, Gallimard, (1949) 1976, p. 29.
2. Jacqueline Roumeguere-Eberhardt, *Pensée et société africaines*, Paris et La Haye, Mouton, 1963, p. 73.

© Eyrolles

qu'elle n'aurait jamais eu le droit de remplir avant la ménopause ! Elle devient « *l'égale de l'homme* », « *c'est elle l'homme parmi les femmes* » (Beti du Sud Cameroun), un quasi-homme et cela peut se complexifier au point qu'elle devienne une *femme-mari* (chez les *Nuer* en Afrique occidentale), ou une femme à *cœur d'homme,* (Indiens Pigean canadiens)... La naissance de petits-enfants permet elle aussi d'acquérir un nouveau statut social (les fameux âges sociaux). Mais attention ! Il serait déshonorant de tomber enceinte dès lors qu'on est passé au statut de grand-mère. À chacun son tour et son devoir de mère : pas d'interférence, c'est une question de « mécanique des fluides »[1]. Il n'est pas sain de féconder deux matrices sous un même toit... La femme ménopausée est généralement considérée comme dangereuse, parce qu'elle ne perd plus son sang et qu'elle « *accumule de la chaleur* », cette peur va l'exposer au statut de sorcière, qui lui est imposé surtout si elle est pauvre, sans mari ni fils pour la protéger (en Afrique noire).

Asexué et c'est gagné ! Au Cameroun, chez les *Beti* comme dans bon nombre de sociétés, africaines notamment, pour être considérée comme « l'égale de l'homme » il y a un prix à payer. Vous devrez dès la ménopause interrompre tout contact sexuel avec ces messieurs. Mais vous aurez le droit de changer votre statut social, votre manière de vivre, votre alimentation, etc. Il faut ce qu'il faut ! En France, les médecins imposeront à leur manière une « virilisation », une désexualisation de la femme en lui faisant croire qu'elle a des maladies masculines… et que la chasteté est alors le meilleur remède, tant son caractère et son physique se modifient[2] ! Bravo la science !

---

1. Françoise Héritier, *op. cit.*
2. H. Lamaze, « Essai sur la cessation du flux menstruel… », Paris, Didot jeune, 1805, p. 10.

Danger de mort ! Au Kenya, dans la société Luo, il ne faut plus, non plus, rêver d'amour ! La vie sexuelle s'arrête aussi au début de la ménopause. C'est que les hommes craignent de mourir s'ils ont des relations sexuelles avec une femme ménopausée[1]. C'est encore une question de chaud, de froid et de pertes, rappelez-vous la première théorie ancestrale du sang. La femme ménopausée est dangereuse parce qu'elle ne perd plus sa chaleur. Par conséquent, si elle rajoutait à sa chaleur celle du sperme masculin, le cocktail serait détonant !

Elles n'ont pas leur langue dans la poche ! En France, comme en Afrique, les femmes mûres sont autorisées à circuler librement et à parler cru. Ainsi, en est-il des lavandières en France, qui tout en lavant le linge sale font des plaisanteries salaces pour le grand bonheur initiatique des jeunes puceaux qui traînent alentour[2].

La reconnaissance, enfin ! Si faire l'amour avec une femme réglée n'est pas un tabou pour les Indiens Mohave, ils peuvent même s'en vanter, de même, la vie sexuelle ne cesse en aucun cas à la ménopause. Au contraire, elle « *représente [...] la récapitulation d'une vie [...] sans laquelle la vie serait incomplète et la mort sans signification et sans dignité* »[3]. *N'est-ce pas beau d'entendre ça, enfin ! La femme ménopausée devient un personnage important et reconnu de la tribu. Gardienne de savoirs, elle n'est plus en compétition avec les hommes dans différents domaines. Pour elle, « la vie*

---

1. Betty Potash, "Wives of The Grave : Widows in a Rural Luo Community", *in Widows in African Societies*, Editions Betty Potash, Stanford California, University Press, 1986, p. 44-65.

2. *Cf.* Verdier Y., « Façons dire, façons de faire », La laveuse, La couturière et La cuisinière, NRF, Gallimard, 1979.

3. Georges Devereux, "The psychology of Feminine Genital Bleeding, an Analysis of Mohave Indian Puberty and Menstrual Rites", *The International Journal of Psycho-Analysis. Culture, Medicine and Psychiatry*, 1950, p. 31.

sexuelle ne s'arrête pas à la ménopause et dans les temps anciens la femme gardait sa puissance sexuelle jusqu'à la mort ». Mieux ! *« Une femme d'âge moyen trouve facilement à se marier* (ouf !) *avec un homme jeune* (tant qu'à faire !)*, souvent divorcé de sa jeune femme légère et peu encline à l'entretien du ménage* (finalement, faut voir…)*. De plus, les divorces de ses fils l'amènent à prendre à sa charge ses petits-enfants, qu'il est de son devoir, et son privilège, d'élever. »*[1] Une vraie reconnaissance ! À noter parce que ce statut social-là est très rare…

En fin de compte quelle est la place de la femme ménopausée dans les sociétés traditionnelles ? Soit elle change de statut, devient un homme et accède à des droits qui lui étaient interdits auparavant, soit elle devient une sorcière ou, plus radicalement, est répudiée, exclue et, au mieux, heureusement, acquiert une liberté sexuelle et d'autres droits de la vie courante. Mais ce changement de statut se fait publiquement, tout le monde peut et doit le voir et le savoir. L'officialisation est ritualisée et les activités quotidiennes en témoignent.

---

1. Georges Devereux d'après Daniel Delanoë, « Variations transculturelles sur la ménopause » *in Gynécologie et psychosomatique*, « Ménopause », n° 9, octobre 1993, p. 5.

CHAPITRE 23.

Trois exceptions pour confirmer la règle !

Pour terminer sur une petite note réconfortante voici trois exemples de sociétés exceptionnelles qui valorisent enfin la femme ménopausée, mais parfois sous certaines conditions !

Les Mayas d'Amérique du sud : heureuses !

Elles se disent heureuses et soulagées de ne plus avoir de règles et d'avoir une meilleure sexualité avec leur mari, le risque de grossesse n'étant plus là... *« Elles associent cette étape au fait d'être jeune et libre... elles disent se sentir aussi jeunes qu'une fille de seize ans. »*[1] Reste un petit détail non négligeable à leurs yeux : elles sont aussi contentes de ne plus risquer de tacher leurs vêtements blancs ! Quelle fraîcheur !

1. D'après Y. Beyene, "Cultural signifiance and physiological manifestation of meno-pause. A biocultural analysis", p. 10, *The International Journal of Psycho-Analysis. Culture, Medicine and Psychiatry*, 1986, p. 47-71.

La « femme-mari »

Généralement les femmes stériles sont répudiées. Les Nuer d'Afrique occidentale ont trouvé une solution pour remédier à cette défaillance biologique. Elles bénéficient d'une ultime solution pour être fécondes, à condition d'avoir été mariées durant plusieurs années et de prouver leur stérilité. Ce n'est qu'une fois ménopausées, eh oui c'est long, qu'elles peuvent rejoindre leur famille d'origine où elles sont considérées comme un frère parmi les siens et un oncle paternel pour ses neveux. Comme un vrai frère elles ont droit à des biens et un troupeau qui leur serviront à se procurer une, voire plusieurs épouses, fécondes. Elles deviennent alors statutairement un homme. « *C'est en tant que mari qu'elle entre dans ces rapports matrimoniaux... Ses épouses la servent, travaillent pour elle, l'honorent, lui témoignent des marques de respect dues à un mari.* »[1] Elle prendra un domestique uniquement « *chargé de féconder l'épouse sans jamais être considéré comme le père de l'enfant...* »[2] Les enfants la considèrent comme leur père alors que le géniteur restera pour tous le serviteur, « *il sera rémunéré de ses services* (sexuels) *par le don d'une vache, "prix de l'engendrement" à chaque fois que se mariera l'une des filles...* »[3].

Sont-elles heureuses ou pas ces « femmes-stériles-ménopausées-mariées-à-une-femme » ? Les ethnologues n'ont pas fouiné de ce côté-là, on sait simplement que « *ce n'est en*

---

1. Françoise Héritier, *Masculin/Féminin*, t. I, *La pensée de la différence*, op.cit., p. 229.
2. Françoise Héritier, *Masculin/Féminin*, t. II, *Dissoudre la hiérarchie*, op.cit., p. 139.
3. Françoise Héritier, *Masculin/Féminin*, t. I, *La pensée de la différence*, op.cit., p. 229.

© Eyrolles

rien une union homosexuelle... [et] ... que ce n'est pas le sexe, mais la fécondité, qui fait la différence réelle entre le masculin et le féminin (...) »[1].

La « femme à cœur d'homme »

Enfin, pour terminer, une société bien séduisante, celle des « femmes à cœur d'homme » les indiennes Pigean au Canada (que l'on appelle parfois « femmes manquées » ou « hommes manqués »), souvent citées, mais y a-t-il vraiment de quoi ? À vous de juger !

Dans cette société décrite en 1941 par O. Lewis, vivent deux types de femmes : les vraies « soumises et réservées » et les « hardies, les agressives, les sans retenue ». Comment certaines deviennent-elles « femmes à cœur d'homme » ? Mode d'emploi : il faut être d'un âge avancé et avoir des richesses en épousant un, voire plusieurs hommes. Le ou les veuvages successifs sont aussi un moyen pour obtenir richesses et statut élevé, allant de pair. Devenues « femme à cœur d'homme », *« elles épousent (...) des maris plus jeunes qu'elles de cinq à vingt-six ans (...) qu'elles dominent en tous points »*[2]. Dans cette même société, et là, c'est déjà moins drôle, *« une femme pauvre sera battue et tournée en dérision si elle prétend à des comportements de femme à cœur d'homme. »*[3]

Elles sont décrites par O. Lewis comme n'ayant pas un : *« comportement féminin idéal... de soumission, réserve, douceur, pudeur et humilité... [mais étant] ... cependant un*

---

1. *Ibidem*, p. 230. De plus, avoir des enfants assure à ces femmes la certitude d'être prises en charge une fois âgées ; et, plus symboliquement, une fois mortes, ils lui permettent le passage du monde des morts à celui d'ancêtre en pratiquant des libations et autres offrandes nécessaires. Fait primordial dans ces sociétés au temps cyclique.
2. Françoise Héritier, *Masculin/Féminin*, t. I, *La pensée de la différence, op.cit.*, p. 227.
3. *Ibidem*.

groupe reconnu de femmes qui ne se comporte pas avec la réserve et la modestie de leur sexe mais avec agressivité, crânerie et hardiesse. Elles n'ont pas de retenue en paroles ni en actes : certaines urinent publiquement, comme des hommes, chantent des chants d'homme, interviennent dans des conversations masculines »[1]. *« Elles peuvent boire de l'alcool, jurer, organiser des fêtes, offrir des sacrifices ou uriner debout. »*[2] Ces femmes *ne laissent pas leur mari entreprendre quoi que ce soit sans leur assentiment. On les pense actives sexuellement et non conventionnelles en amour (...). Elles ne craignent pas en cas d'adultère, d'être traînées sur la place publique, car on les accuse d'être promptes à se défendre par sorcellerie. Elles ne craignent pas non plus les conséquences mystiques de leurs actes (...) comme les hommes, elles ont le droit d'organiser des danses du soleil, de participer aux jugements par ordalie. Elles ont la « force ».*[3] Mais pour Françoise Héritier, elles seraient plus proches de l'homme que de la femme.

La vraie réalité, statistique celle-ci, donne un tout autre ton : l'enquête de Lewis révèle que seules quatorze femmes sur neuf cents sont « cœur d'homme », et la majorité a plus de quarante-cinq ans et est ménopausée ! Je vous laisse à vos interprétations : entre le mimétisme masculin, les « femmes-sorcières », l'exclusion des pauvres, l'âge... de quelle identité féminine s'agit-il ? Que disions-nous au début de notre histoire ? Aucune société n'a évincé la question du sexe, ni de l'âge ! Cet exemple en est une belle démonstration !

1. O. Lewis, "Manly-hearted women among the North Piegan", *American Anthropologist* 43, 1941, p. 173-187 *in* Françoise Héritier, *Masculin/Féminin*, t. I, *La pensée de la différence*, *op.cit.*, p. 226-228.
2. Françoise Héritier, *Masculin/Féminin*, t. II, *Dissoudre la hiérarchie*, *op.cit.*, p. 142.
3. D'après O. Lewis et Françoise Héritier, *op. cit.*, p. 226-228, et Françoise Héritier, *Masculin/Féminin*, t. II, *Dissoudre la hiérarchie*, *op.cit.*, p. 142.

Que retenir de cette brève histoire à travers les millénaires ? Que depuis l'aube de l'humanité, de Terre-Mère, à Mousso-Koroni et d'autres, la femme reste une figure énigmatique...

Rien de neuf sous le soleil ! Alors, il nous faut faire un grand vœu d'humanité : brouiller et abattre, non pas la termitière comme le dieu Amma, mais tous ces diktats mythiques, religieux, médicaux, culturels... Pour qu'ils cessent d'user et d'abuser du sang menstruel, qu'il coule ou qu'il ne coule plus, de ces théories du chaud/froid, de la faute et la dette originelles, de l'impureté et toute la culpabilité qui en découle.

Nous en avons aujourd'hui les moyens, ici en France, nous les 50 ans, cette génération si singulière. Nous sommes suffisamment armées, suffisamment libres, suffisamment nombreuses pour préparer et ouvrir la voie à une troisième femme qui saura réinventer sa sexualité, repréciser ses désirs, affirmer une nouvelle identité féminine, débarrassée des archaïsmes !

Enfin, pour clore, je vous laisse goûter cette belle histoire de transmission : *« Pendant quatre jours la jeune fille est prise en charge par une femme qui lui prodigue des conseils et des messages. L'un des buts de ce rite est de charger d'énergie magique une amulette que l'initiée pourra utiliser lorsqu'elle aura atteint, à son tour l'âge de la ménopause. »*[1]

---

1. Selon un rite de puberté chez les Apaches (indiens de Hot Spring) dans la tradition Chiricahua. *In* Husain Shahrukh, *La grande déesse-mère*, éditions Sagesse du monde, (1997) 2001, p. 113.

En attendant le troisième sexe...
nous servira de conclusion

Nous sommes en 2569. Avec beaucoup de retard sur les prévisions cosmiques, *Le meilleur des mondes*[1] est enfin là et notre maître Huxley peut enfin reposer en paix. Son rêve est accompli.

La reproduction des vivants ne concerne plus désormais que le monde animal. D'ailleurs, nombre d'espèces ont disparu et, parmi elles, la majorité des primates. Il n'en subsiste que deux exemplaires, un mâle et une femelle, et nul ne sait où les trouver. Personne ne comprend que cette espèce ait soudain été décimée, il y a quatre cents ans, en quelques mois. On murmure qu'il s'agirait là d'une sorte de génocide mais aucune preuve n'en a été apportée jusqu'alors. Ce qui est certain, c'est que personne d'entre nous ne peut croire être le descendant d'un singe ! Nous savons que nous sommes aujourd'hui les descendantes d'un songe.

---

1. Aldous Huxley, *Le meilleur des mondes*, Plon, 1932, Le livre de poche, 1967.

Cette disparition a coïncidé avec la naissance de notre première génération. Nous avons en effet résolu notre système de reproduction. Nous sommes en 2569, la quatrième génération de la nouvelle espèce humaine, et notre monde est merveilleux.

On dit que dans l'ancien monde, nous nous serions reproduites longtemps comme des animaux. Nous voudrions bien le croire, mais cette histoire nous paraît impensable ! Cette forme de reproduction aurait été la source d'une grande disparité entre les hommes pendant des millénaires. Elle aurait aussi engendré de grandes différences sociales entre les deux sexes. Nous n'avons aucune idée de ce que cela veut dire, notre passé nous est pratiquement inconnu.

Après quelques balbutiements qui ont duré une cinquantaine d'années, notre système de reproduction est aujourd'hui parfaitement fiable. Nous sommes à l'origine confiés à des processeurs qui créent en éprouvettes standard tout ce que nos parents, soit seul, soit en couple, nous ont programmés. Des couveuses nous font mûrir en quelques heures ou en quelques années, selon l'option choisie. Le contrôle de nos naissances est très strict, et faire un enfant est un luxe que nous ne pouvons nous offrir que deux fois dans notre vie. Nous pouvons ainsi avoir jusqu'à deux enfants. Si notre élite le souhaite, elle peut les dupliquer en deux exemplaires seulement. Ces copies sont élevées dans des cités spéciales, et ce dont nous avons besoin en cas d'accident leur est aussitôt prélevé pour être offert à leur petit frère original. Nous espérons tous pouvoir nous offrir un jour la duplication de nos enfants.

Nous les femmes de notre monde merveilleux sommes incapables d'imaginer ce que nos lointaines ancêtres ont vécu. Ce mot « maternité » ne nous évoque rien. Nos grands-mères nous racontent que nos mères ont pu observer l'ancien système de reproduction chez les derniers animaux en liberté.

Nous ne pourrons jamais vérifier ce qu'elles disent, aucun animal ne vit dans nos cités et il est impossible de les approcher. On dit aussi que du sang coulait entre nos jambes, que nos ventres grossissaient, que des bébés sortaient par notre sexe ! Ces légendes nous paraissent non seulement incroyables mais stupides et inhumaines.

Depuis l'intervention génétique que nous subissons pendant notre conception, et grâce aux découvertes du professeur Paul Jouissand, nous sommes des femmes totalement libres. Notre sexe remplit son unique fonction : une série d'orgasmes répétés. Nous en usons et abusons pendant les phases de désir qui nous ont été programmées dès notre conception. Des anthropologues de l'ancien monde ont d'ailleurs démontré que nos très lointains ancêtres vénéraient eux aussi notre sexe pour ce seul usage. Ce qui confirme bien notre doute concernant ce système de reproduction de l'ancien monde. Ces phases de désir que nous apprécions tous, sont notre principale et unique thérapie pour combattre les rares virus contre lesquels nous n'aurions pas été immunisées.

On dit aussi que nos seins et nos fesses sont comme chez les femmes de l'ancien monde au début de leur âge adulte. Nous ne comprenons pas pourquoi cette restriction parce que les nôtres ne subissent aucune altération pendant toute la durée de notre âge adulte. Actuellement, nous assistons à un phénomène esthétique nouveau : les plus riches d'entre nous s'offrent quelque relâchement des seins et des fesses. Cette mode est née d'images que l'un de nos archéologues à découvertes récemment dans un document virtuel traitant de la « ménopause ». Nous ne comprenons pas ce mot. Mais ce que nous savons, c'est que pendant nos phases de désir, nos partenaires apprécient particulièrement ce contact différent, inconnu de nous jusqu'alors. Nous sommes parfaites dès la naissance et ce jusqu'à la fin de notre existence programmée, soit cent cinquante ans.

L'androgyne est le modèle le plus abouti que nous incarnons. D'après les sociologues et les anthropologues, elle est la politique d'un genre égalitaire survenu il y a quatre cents ans. Nous sommes si égaux en 2569 que nous ne pouvons pas imaginer qu'il ait pu y avoir un jour une telle différence de statut social entre l'homme et la femme ! Le modèle hétéro subsiste encore, mais il est progressivement en voie de disparition. Il est issu généralement des naissances les plus anciennes, lors des premiers essais de notre reproduction. Le modèle homo existe aussi, mais nous aurions tendance à le considérer comme incomplet. La bisexualité est le style général de notre sexualité. Personne ne se distingue vraiment de l'autre en général, ce qui nous permet de vivre sans conflit.

Conscient cependant que nous pourrions finir par nous ennuyer malgré nos programmations de bonheur initial, notre merveilleux gouvernement envisage un troisième sexe. Ce projet nous enthousiasme beaucoup, surtout dans nos phases de désir. Nous attendons avec impatience d'ici à l'an 2600 les premières naissances des polysexuels.

Dix livres sur la question...

BÉLOT-FOURCADE, Pascale, et WINAVER, Diane (sous la dir.), *La ménopause. Regards croisés entre gynécologues et psychanalystes*, Érès, coll. « Point hors ligne », 2004.

DELANOË, Daniel (sous la dir. de P. Aïach et D. Delanoë), « La médicalisation de la ménopause. La pathologisation comme processus de socialisation », *L'ère de la médicalisation. Ecce homo sanita*, Éditions Anthropos, 1998.

DELANOË Daniel, « Histoires de la ménopause d'ici et d'ailleurs », *in* V. Ringa, D. Hassoun C. Attali, G. Bréart, D. Delanoë, M. Lachowsky, P. Lopez, D. Mischli, *Femmes, médecins, ménopauses* (Berger-Levrault, 1999), Masson, 2003.

GODELIER, Maurice, « La production des Grands Hommes », Fayard, 1982.

HÉRITIER, Françoise, *Masculin/Féminin*, t. I, *La pensée de la différence*, Odile Jacob, 1996.

HÉRITIER, Françoise, *Masculin/Féminin*, t. II, *Dissoudre la hiérarchie*, Odile Jacob, 2002.

JENSEN, Karen, et VANDERHAGE, Lorna R., *Une ménopause sans hormonothérapie*, Éditions AdA, 2002.

LAZNIK, Marie-Christine, *L'impensable désir. Féminité et sexualité au prisme de la ménopause*, Denoël, coll. « L'espace analytique », 2003.

LEPAGE Claudie, *Le nouvel âge d'or de la femme. Aborder la cinquantaine en toute sérénité*, J'ai lu, poche, 2003.

PÉREZ, Martine, *Ce que les femmes doivent savoir, traitement hormonal substitutif : la fin d'un mythe*, Robert Laffont, 2005.

www.ingramcontent.com/pod-product-compliance
Lightning Source LLC
Chambersburg PA
CBHW062100080426
42734CB00012B/2708